校园记忆

第二季

宁秋娅　主编

九州出版社
JIUZHOUPRESS

图书在版编目（CIP）数据

校园记忆：第二季 / 宁秋娅主编 . –– 北京：九州出版社，2022.9

ISBN 978-7-5225-1196-2

Ⅰ.①校⋯ Ⅱ.①宁⋯ Ⅲ.①中国农业大学—校友—回忆录 Ⅳ.① K820.7

中国版本图书馆 CIP 数据核字（2022）第 182461 号

校园记忆：第二季

作　　者	宁秋娅　主编
责任编辑	郭荣荣
出版发行	九州出版社
地　　址	北京市西城区阜外大街甲 35 号（100037）
发行电话	（010）68992190/3/5/6
网　　址	www.jiuzhoupress.com
印　　刷	唐山才智印刷有限公司
开　　本	710 毫米 × 1000 毫米　16 开
印　　张	18
字　　数	242 千字
版　　次	2023 年 1 月第 1 版
印　　次	2023 年 1 月第 1 次印刷
书　　号	ISBN 978-7-5225-1196-2
定　　价	85.00 元

本书委员会

主　编：宁秋娅

副主编：安文军　　闻静超　　欧阳永志

编　委：徐晓村　　赵竹村　　于　哲

　　　　岳庆宇　　潘彩清　　何志勇

　　　　马紫威

序

2013年8月19日，习近平总书记在全国宣传思想工作会议上首次提出"讲好中国故事"，到党的十九大"讲好中国故事"被视为培育文化自信、提高国家文化软实力、建设社会主义文化强国的重要途径，再到今天，习近平总书记"讲好中国故事"的创新理念和话语实践已经成为中国崛起、中华民族伟大复兴进程中强大的动力源泉。

大到一个民族、一个国家，小到一个组织、一个单位，讲好自己的故事都对形成文化自信、凝聚共同体意识具有无法替代的意义与价值。一所大学的发展，虽然直接体现在教学、科研、社会服务的行动与实践，但如果没有必要的故事讲述与记忆留存，没有文化的传承与传播，这所大学的精神就会黯然失色，这所大学的发展也会受到无形的影响与制约。或者说，讲好大学故事，也是中国建设世界一流大学不可或缺的维度。

作为一所百年老校，中国农业大学的故事很多。在七年前出版的《校园记忆》中，那些通过建筑与景观讲述的平凡、温暖的农大故事，让中国农业大学生动、鲜活起来，一个无形而内在的文化农大得以呈现。师生、校友从中感受到了母校的可亲、可近，唤起了他们与学校更为紧密的生命关联和文化认同，社会大众也从中读到一个有着自身独特文化样貌和精神内蕴的中国农业大学。但老的故事远未讲完，新的故事又不断涌现，关于校园的记忆会沉淀、累积，也会在新的发展背景中生发出新的意义。我们希望能在点滴往事中不断串起农大的精神思缕，于是有了这本《校园记忆》（第二季）。

　　故事不被讲述就等于没有故事，记忆不被书写就难以留存。故事记忆、身份认同、文化绵延三者之间有着幽微而深切的关系。在这本续编的小书中，每一个故事，每一点记忆，可能带有每一位作者个体情感色彩，但与上本书一样，与农大校园或隐或现的某种时空关联，使得这些往事超越了日常与个体的表达，上升为中国农业大学集体的文化记忆。

　　这只是讲好中国农业大学故事的又一次小小的实践。正如中国特色是中国故事的魅力所在，农大特色也是农大故事的精神所系。要展现一个丰富的、立体的、多元的中国农业大学，还需要更多的农大人行动起来，参与讲述，让校园记忆借助文字得到沉淀，让更强大的文化认同在传承过程中得以建构。

　　这本小书的出版，也许只是奋进中的中国农业大学宏大乐曲里的一个小小音符，但它同样不可或缺。

编者
2021年8月

目　录
CONTENTS

开篇　走进历史

上篇　生生不息

中篇　青春之歌

下篇 岁月流金

开篇　走进历史

拂去一份份档案、资料上的经年灰尘，

中国农业大学的历史原本这样精彩跌宕，

呈现与展示，不仅是一种形式，

更是回归初心的一种重新进入！

沉淀于文字中的艰辛与辉煌，

泛黄照片唤起的记忆，

往事并不如烟，

而是沉淀为这所百年老校的文化肌理

成为新时代前行的动力！

走进校史馆

　　走进地处圆明园西路的中国农业大学西校区正门，无论向左还是向右，绕过开阔的广场和沉稳大气的主楼，作为学校标志景观的老校门就映入眼帘，老校门与主楼之间是两排高大的毛白杨树掩映下的林荫道，从老校门略往东走就是校友捐赠的巨大的三江彩玉石雕塑——智慧头颅，再往东就是校史馆，即使不能说是"曲径通幽"，也可以算作"别有洞天"了。一所百年老校累积的历史与文化，怎么可能一览无余、简单窥透呢？校史馆的位置和探寻路线近乎一种隐喻。

　　由于历史原因，中国农业大学西校区校园不大规则，难得的是，正门、广场、主楼、老校门、智慧头颅雕塑、校史馆却恰好形成一个清晰的轴线。如果在工作日，到访者可以从正门径直穿行广场和主楼，穿过老校门，进入校史馆，去品读农大悠久厚重的历史和深邃丰富的文化。

　　中国农业大学是中国现代农业高等教育的源头，经历了中国农业现代化一个多世纪的艰难求索，见证了新中国成立以来直到脱贫攻坚取得全面胜利这七十余年的中国农业农村建设与发展的辉煌历程，中国农业大学的历史在某种意义上就是中国农业高等教育与中国农业科技发展的缩影。很少有人知道，中国农业大学校史馆的设立却是2005年中国农业大学百年校庆前夕的事儿。据校史专家王步峥老先生回忆，在20世纪90年代首次大规模、系统性编撰校史的时候，建立校史馆给学校历史一个有形的空间与载体，就是他们最大的愿望，而且也数次进入到学校的规划中。但由于学校校舍问题直到20世纪80年代末才基本解决，在学校高速发展的过程中，教学、科研用房极度紧张，校史馆的建设问题只能一再延宕。

2005年9月5日，中国农业大学校史馆百年校庆校史展揭幕式

　　世纪之交，学校立项建设新学科综合楼时，将大楼的正中央部分预留为档案与校史专用空间。2001年，综合楼落成；2002年，学校设立了独立的档案与校史馆。2005年7、8月份，经过长期的准备和多次论证，中国农业大学校史展开始布展。在那段日子里，包括王步峥先生在内的多位校史研究者、校史馆工作人员，几乎每天都要到现场，不是去督促工程进度，而是体验百年老校的大学精神得以赋形的欣喜与满足。2005年9月5日，百年校庆庆典前，校史展揭幕仪式在校史馆前隆重举行，在红绸掀开的瞬间，门楣上的"中国农业大学校史馆"九个金色大字熠熠生辉。那一天，也被视为校史馆正式开馆的纪念日。当时的展览分为三个展区：一层展区主题是"百年积淀、今日硕果"，主要展示中国农业大学教学、科研与社会服务的代表性成果；二层展区主题是"百年沧桑、今日辉煌"，主要呈现中国农业大学百年历史变迁；三层展区主题是"群星璀璨、俊

彦云集"，集中展示中国农业大学百年办学历程中的杰出人物。三个展区的展览分别以开放创新、厚重大气、庄严肃穆为展示风格，相互呼应，全面呈现了中国农业大学的文化风貌和历史底蕴。

　　校史馆成为各级领导、社会各界以及兄弟高校了解中国农业大学历史文化、发展成就的重要窗口。甚至是偶然进入农大的游客，也会在不经意间经由校史馆触及农大的内在精神。曾经发生过这样一件趣事，大约在2006年，一位误入农大西校区的游客，看到新学科综合楼门楣上的"中国农业大学校史馆"九个大字，就随手拍了照片并在网络公共论坛上发帖，说中国农业大学的校史馆竟然是一个大楼，真是太奢侈了。农大的学子们看到后，都纷纷跟帖说这位游客其实并没有真正进入大楼，农大的校史馆只占综合楼的五分之一，除去大量的档案库房和少部分必需的办公用房，校史展览区的面积不到600平方米，这可能是有着同样厚重历史的知名大学中最小、最简朴的校史馆。这位游客看到跟帖后，又专程到校园参观了校史馆，并在网上公开承认是自己错了，这个误会却让他重新认识了中国农业大学。

校史馆一楼展厅入口

校史馆也是中国农业大学广大师生聆听农大往事、赓续大学精神、唤起青春记忆的主要文化空间。每年的新生入学、新教师入职、毕业典礼、校友返校时，这里都是最具人气的地方。师生们通过校史馆的展览更真切地体会到农大的沧桑历史与深厚的文化积淀，更深刻地理解"解民生之多艰，育天下之英才"的丰富内涵。

从2005年起，校史馆的展览虽然经历了数次更新与调整，但大致格局基本没有改变。二楼始终是"百年历史"的展示，在有限的空间中，通过更合理的视觉呈现述说中国农业大学"兴农报国"的初心与不懈追求。一楼展厅则以专题展为主，侧重于对时代的回应。近两三年中，"使命与传承——中国农业大学曲周精神事迹展""玉汝于成——脱贫攻坚伟大事业中的中国农业大学"等展览都颇具特色，彰显了中国农业大学以服务"三农"为己任、回应国家重大需求和推动中国农业科技创新的成就与使命担当。三楼以人物为主，曾举办过"院士风采展""俞大绂先生诞辰110周年纪念展"，让师生真切感受到中国农业大学百余年的办学经历，大师们的科学人生、人格魅力、传道授业是真正的大学文化之魂。

前面我们提到过，从正门、主楼到老校门再到校史馆形成一个清晰的轴线。在轴线的后半段，校史馆所在的新综合楼是一个相对开阔的U形建筑，仿佛一个张开怀抱的母亲，而主楼厚重高大，也可比拟为一个顶天立地、遮风挡雨的父亲。不少农大人都习惯把主楼、中心广场和分列左右的科研楼、图书馆视为一个景观单元，而把林荫道东面环绕老校门的区域称为文化广场。其实，我们完全可以把主楼到综合楼之间的空间看作一个完整的文化景观群落。其中横穿而过的林荫道并没有破坏景观群落的整体性，反而彰显了厚重、包容之中的开放与延展。主楼后草坪上俞大绂先生的坐式雕像和老校门西南侧茵茵草木间李连捷先生的半身雕像，隔着林荫道遥遥相对，形成了微妙的呼应。如果说老校门是这个景观群落的中心的话，校史馆就是灵魂。这个景观群落里有着关于中国农业大学最生动的记忆、最丰富的表达。

走进校史馆，如果你是农大人，它会牵动你的精神思缕与校园记忆；如果你不是农大人，它会给你留下一个最深切的农大印象。

（作者：安文军）

校史馆二楼展厅入口

合流掀巨澜：北京农业大学诞生记

笔者从事档案和校史工作十七年有余，常听老校友们追忆农大的过往，也向新人们讲述学校的故事，从最初的略知梗概，到如今的尚可一谈，学校的历史正在脑海中渐次清晰。在笔者印象中，每每谈及农大历史，似乎总少不了经历曲折，岁月坎坷这样的字眼。的确，自农科大学肇始，学校历经晚清、北洋军阀、国民政府和新中国四个时期，值得书写的故事和人物不胜枚举。

新中国成立前夕，北京大学、清华大学和华北大学的三所农学院合并，成立北京农业大学，这是中共中央对华北地区高等教育机构和科研力量进行调整的重要举措之一，也是农大历史上极为重要的一次机构变化，开启了历史的新篇章。

伏笔

在革命战争年代就开始举办高等教育的中国共产党人，深知高等教育对于稳定政权、建设国家、为人民谋福祉的重要性。随着解放战争的节节胜利，解放区不断扩大，越来越多的高等院校和研究机构被接管，对旧中国的高等教育进行改革自然被提上议程。

一来是旧中国的高等教育存在着理论与实践脱节、人才培养与社会需要脱节等问题。新中国的高等教育必须承担起为新中国经济建设服务的重任，培养出符合新社会需要的人才。二是旧中国高等学校的院系设置，是以英美的大学为蓝本的。新中国成立后的高等教育改革，强调在结合本国国情的基础上，"研究与学习社会主义国家苏联大学教育的经验"。

同时，华北地区经过多年战乱，满目疮痍、百废待兴，新成立的华北人民政府面临着"暂时的经济上的困难"。

1949年北平解放后，平津地区的农业教育和研究机关诸多。就高等院校而言，有北京大学农学院、清华大学农学院和华北大学农学院三大主力，此外还有辅仁大学农学系，河北省立保定农学院；就研究机构而言，则有华北农业研究所、静生生物调查所、北平研究院动植物研究所等众多单位。

要在这样一个局面下同时成立多个农学院和研究所，无论从人力、物力所能支持的限度，还是从解放区教育文化事业的布局去考虑，都不宜为继，对高等农业教育院校进行调整已成必然。

最初，中共北平市委曾对北平各高等学校的院系调整提出过一个方案。按照这一方案，将在1949年暑假前后，把北平各高等学校的院系依其专业性质，合并为四校两院——四校为北大、清华、北平师大、华北医大；两院则为农学院和铁路学院。

当时中央对此问题的考虑极为慎重，在回复中强调改革与合并必须有"群众基础"，要求到基层群众中去说明情况，探知意见，再提出进一步的改革方案。①

1949年3月17日，中央再次发文（《关于北平各大学的几个方针问题的指示》），指出：北平高等学校有必要"进行合理化的调整与合并。""但实行调整合并时必须顾到群众条件是否成熟。""凡条件已成熟者，予以合并；条件未成熟者，不要急于合并；不能合并者，不要强求合并。"合并与否"应该在各校教授、学生中进行酝酿。"谈及农学院的调整时，则认为"情况不详，望研究后决定。"

1949年6月1日，华北高等教育委员会成立后，承担起改革旧高等教育的重任。在北平文管会所做工作的基础上，华北高教会按

---

① 1949年2月15日，《中央关于改革平津两市学校教育的指示》。

照中共中央指示，比较充分地考虑调整条件是否成熟，以及国家建设是否急需，采取了比较慎重和稳妥的步骤和措施来推进华北大学、北京大学、清华大学三校的农学院合并。

酝酿

客观地说，对比当时三个农学院的学科设置和师资队伍，北京大学农学院无疑最占优势，而且北京大学农学院的办学条件在当时的各农学院中是最好的，如果实现合并，新的农业大学在办学实力极大提升的同时，也可以解决数千教职员工和学生的安置问题，那么条件优渥的罗道庄将成为合并后新校址的最好选择（也可以说是唯一可行的选择）。

因此，北京大学农学院师生的意向与意见，成为农学院合并案能否实施的决定性因素。

华北高教委员会关于农业院校调整的消息第一时间传到了北京大学。1949年6月3日，农学院第二次院务会正式提出有关学院调整的议案，交由各单位组织师生讨论。

是否要（从北大）独立办学？是否与其他农业院校或研究所合并？在何时合并合适？合并后的新农大归属哪个部门管理……一个接一个问题被提出，一场有关学院未来命运和发展大计的讨论在全院师生中热烈兴起，教授、讲师、助教、校工、学生，包括正在北大沙滩校本部的"沙农"们[①]，也都积极参与进来。

6月9日，农学院第三次院务会召开，专门讨论合并问题。师生代表踊跃发言，大家都一致赞成调整合并。如果说教师们还在合并方法等具体问题上保持着慎重态度，学生们则显得更为乐观，合并

---

① 1946年北大复员北平后，为了加强实践性强的三个学院——工学院、医学院和农学院学生的基础知识，将这三个学院的一二年级学生安排在沙滩校本部，由文、理、法学院的教师分别教授相应的基础课，在理学院做实验，三年级后再回到各自学院上专业课。这些在沙滩校本部上基础课的农学院学生，便被称为"沙农"。

意愿也更强烈，他们认为：这次合并不仅要包括北平的农业教育机构，相关研究机构也应尽数纳入；合并实施越早对学校越有利——如果能够在暑假结束前完成合并，新学期就可用新的农科大学名义招生；新的教学设备要立即添置；本部校舍如果不够用可以考虑设分校来解决……

会议从下午四点一直开到六点，最终通过了"华北各农业教育研究机关应行合并以建立大学农业教育研究之新机构"决议，并推举教授代表汪振儒、讲助代表申葆和、学生代表顾方乔三人共同起草合并建议书送呈华北高教会和北大校委会。

为促成合并，农学院还建立了以院长俞大绂为首的对外联系委员会，专门负责与合并相关的华北各农业机关联系。

7月13日，一份附有北大农学院80位教授、讲师联名签署的意见书再次送到了华北高教委员会。

这一连串的行动，充分表达了北大农学院师生对合并华北农业教育机关成立新型农业大学的极大热忱和期望。然而此时，高教会仍持谨慎的态度，认为时机还不成熟，在回复中建议北大与相关单位密切联系，继续商讨酝酿。

在华北大学农学院那边，合并的意愿亦是十分强烈。

1949年6月，乐天宇、蔡邦华（时任浙江大学临时校务委员会主任、农学院院长）在华北农科所内主持了"中华全国第一次科学会议筹备会农科组会议"，乐天宇在发言时提到"分区设立农业大学，集中人力物力，在首都办一所强有力的农业大学，与农业部的政策计划联系起来。农业部管业务，教育部管教育行政"。

此时的清华园内，清华农学院对合并事业的讨论则显得较为平静。

1949年7月4日，清华大学农学院组织了新中国成立后的第一次院务会。在会上，植物病理系副教授周家炽作为与北大"洽谈农业机构调整"的代表，向参会人员报告了前期商谈的经过，汤佩松还读了北大农学院院长俞大绂的来信，在激烈的讨论后，会议决定：

继续与北大"作初步洽谈，不至成熟期，不作任何规定"。

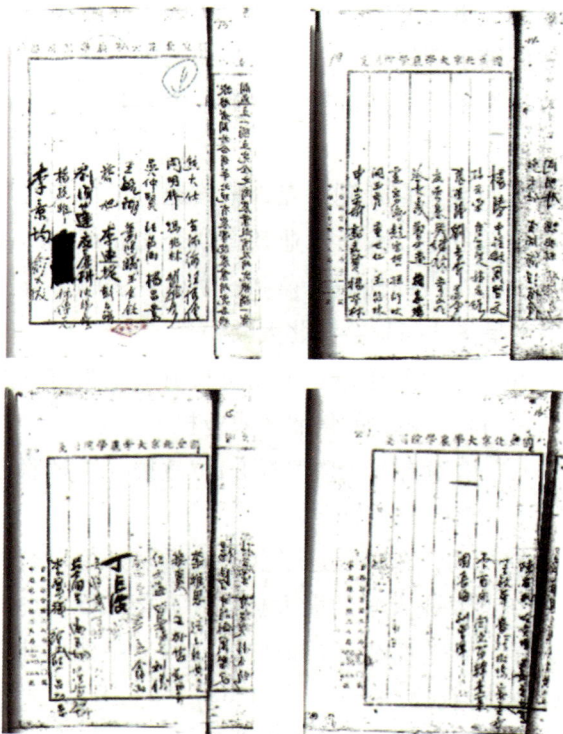

国立北京大学农学院 80 位教师在《关于合并华北农业教育机
关成立农业大学的意见书》上的签名

正当合并事业尚在内部讨论之时，部分农业教育研究机构的调
整动作已经开始了。

5月下旬，华北大学农学院根据上级指示，决定迁往北平，并设
立北平办事处。华北高教会接管静生生物调查所[①]，指令交由华北大
学农学院领导。6月，院长乐天宇带领部分师生抵达北平，即入驻文
津街3号的静生生物调查所。

————————

① 静生生物调查所成立于1928年2月28日，以中国生物学早期赞助人范静生（范
源濂）命名，是近代中国建立较早、最有成就的生物学研究机构之一，在科学界具有
相当的声誉，是现今中国科学院动物研究所和植物研究所的前身。

与此同时，农学院积极调整学系，为进京后的发展做准备，除已成立的农艺系、农机系、农化系外，新增植病系、昆虫系、土壤系、园艺系，改经济植物系为森林系，改畜牧兽医系为畜牧系和兽医系。

7月，华大农学院开始在北平招收学生，之后学院的领导重心也向北平转移，原来在石家庄的院部改为分院。

在此期间，华大农学院的教师队伍也不断壮大。农学院迁北平后，先后有多位知名教授到校，如：胡先骕、沈其益、吴亭、徐季丹、殷良弼、薛培元、朱先煌、李静涵、张仲葛、陈秀夫等。

而在北京大学那边，根据高教会的指示，1949年7月28日，辅仁大学农学系并入北京大学农学院。

辅仁大学农艺系并入国立北京大学农学院协议书（1949年7月28日）

13

合流

经过前期的讨论和不断内部组织调整，三院合并已近水到渠成。

1949年9月10日，华北高教员会党组会议传达了中共中央决定：北京大学、清华大学、华北大学三校农学院合并，成立农业大学，决定组织筹备委员会。

9月13日和14日，华北高教会连续两天召集北大农学院、清华农学院和华大农学院的师生代表，会商合并事宜。三院的参会代表一致赞同三校的农学院合并。新的农业大学，校名暂未定，校址选择在罗道庄的北大新农学院内，本年招收的新生即前往新地址报到，为确保新的农业大学平稳运行，新学期即开课，原有教职工都尽量不动。

9月16日，成立了以钱俊瑞为主任委员，张宗麟、张冲、乐天宇、俞大绂、汤佩松、黄瑞纶为常委的农业大学筹备委员会，并召开了第一次会议。农业大学筹建工作正式启动。会上，钱俊瑞、张宗麟等高教会负责人希望各校"勿存宾主之观念，彻底做到民主集中制"。

三院的迁校工作都在紧锣密鼓地进行中。

9月20日，华北大学

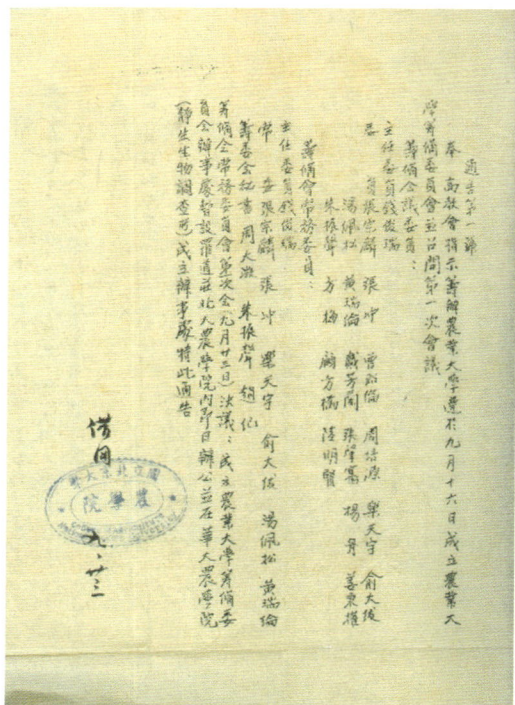

农业大学筹备委员会成立通告第一号（1949年9月16日）

农学院乐天宇邀请三院负责人及部分来北平参加政协会议的农业界代表，商谈农业机构合并一事。在会上大家表示，新中国未来的农业教育和研究事业要教学与生产及实际相配合；教育要注重普及同时也要提高；要坚持研究工作。

9月21日，清华大学农学院第四次院务会召开。会议明确了迁委会的权限和人员组成，各组的工作方案和预算。农学系韩德章教授与昆虫系刘崇乐教授合力为新农业大学拟定出了组织系统的架构。

同日，在北大农学院内，三院代表对罗道庄校部的住房分配进行了讨论。清华农学院全院师生共努力，10月17日完成了搬迁。10月30日至11月初，华大农学院的学生搬迁罗道庄，

经过三个月的酝酿，学校主要负责人（第一把手）才确定下来。最初，上级曾提议由著名教授戴芳澜担任校长。但由于学校内部意见不统一，并且戴芳澜本人不愿意担任行政职务，最终决定由乐天宇担任校务委员会主任委员（行使校长职权），俞大绂、汤佩松担任校务委员会副主任委员。

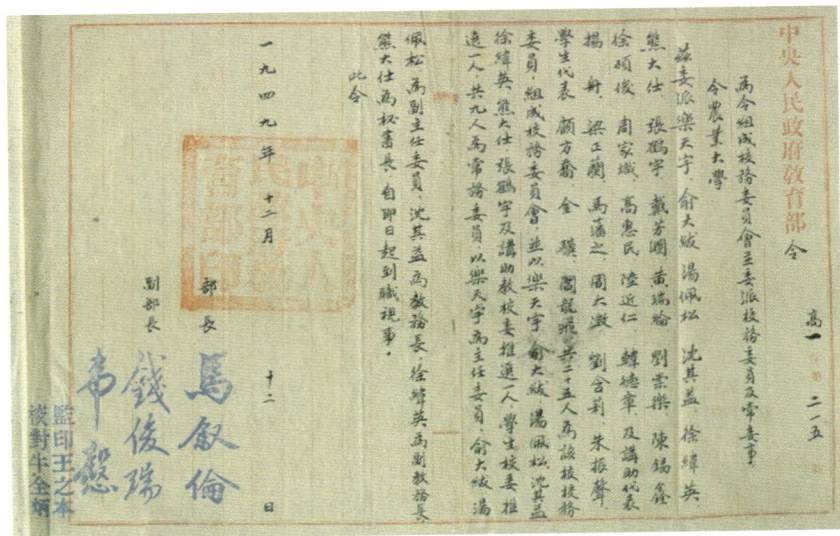

中央人民政府教育部令（高一字第二一五号）：
农业大学校务委员会成员（1949 年 12 月 12 日）

给学校如何命名？ 1949年12月，学校发动全校师生员工展开大讨论，征求意见。汇总师生员工意见后，最后集中了两个方案：一是建议学校名称为北京农业大学（绝大多数教师的意见）；二是建议学校应命名为中央农业大学（学生中的多数意见）。1950年1月7日上报以上两个方案，请中央定夺。1950年4月8日，学校接教育部通知，正式定名北京农业大学。

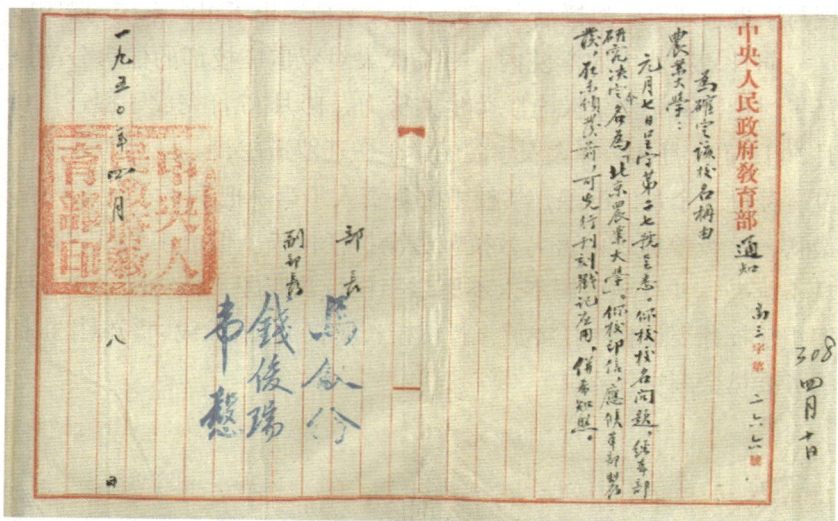

中央人民政府教育部通知（高三字第二六六号）：关于北京农业大学定名通知（1950年4月8日）

余韵

新组建的北京农业大学，共有师生员工2000余人，设有本科11个系（农艺、园艺、植物病理、昆虫、农业化学、土壤、森林、畜牧、兽医、农业经济、农业机械），3个专修科（畜牧兽医、糖业、森林），3个研究所（植物病理、昆虫、植物生理），1个研究室（农业生物科学研究室）；设有农业机械厂、甜菜制糖厂、农业化学厂、药厂、高山育种场、马掌工厂、兽医实习医院、农场，作为学生的实习场所。在办学指导思想上，它继承了原华北大学农学院"理论联系实际，学习结合生产"的优良传统，以"教育、研究、生产三位一体"作为教学方针，以"培养新中国的农业建设人才，提高新中国的农业生产"作为办学目标。因此，这是一所"向新型教育发展"的高等学校。

位于罗道庄的北京农业大学校门（1950 年）

回想起时任教育部副部长兼农业大学筹备委员会主任委员的钱俊瑞在就职大会上的讲话："今天全中国范围内以这样大的力量，办这样的学校是头一个。中央人民政府对组建这个学校的方针与建设实施给予极大重视，我们建设这个学校，为中国农业及农业教育树立新的榜样。"我们可以自豪地说，华北大学农学院、北京大学农学院和清华大学农学院的合流，为新中国高等教育的发展做出了不可磨灭的贡献，它预示了新中国高等教育发展的方向。

后记：1952年高等院校院系调整中，北京农业机械化学院应运而生，当然，这又是另一个故事了。新生的北京农业大学和北京农业机械化学院，犹如中国农业高等教育界的两颗明珠，它们和祖国一起，在不断探索中求发展、寻突破，为中国农业高等教育的发展和国家现代化的实现殚精竭虑，不遗余力，做出了不可磨灭的贡献。在曲折的经历中，在坎坷的岁月里，北农大和农工大坚忍顽强的精神得到磨砺和锤炼，学校情系民生的传统得以继承和发扬。

（作者：蔡远渊）

泛黄的记忆：校门口的六块牌子

照片已泛黄，记忆却不曾消退，在校史馆珍藏的老照片里，有一张东区老校门尤为显眼，照片里的校门一侧悬挂着6个不同单位标牌，每一位那段历史的亲历者谈起照片背后的故事都感慨不已。

1979年5月，云开雾散，阳光重新照耀到农业机械化学院，经过近十年的颠沛流离，历经了北京、重庆、邢台三地办学的全国唯一一所重点农业机械化学院开始迁回北京原址。迎接学校师生的是被多方占据的校园以及阴暗潮湿、透风漏雨临时搭建的"办公室"，

1979年5月，北京农业机械化学院回迁北京时校门口挂的牌子

学校大门口很长一段时间一直悬挂的6个单位的招牌就是这段历史的见证。

曙光初现

时针回拨到1979年1月，陕西省委大院书记办公室内，已经被任命为国务院副总理、并分管农业的原陕西省委第一书记王任重被告知老战友来访。来者正是自己抗战期间的老战友，华北农业机械化学院党委书记兼院长张纪光，寒暄之余，老战友直截了当说出了此行目的：请求中央同意华北农业机械化学院迁回北京原址办学，请王任重给邓小平同志写信，并请主管科教的方毅副总理转交。在查看了农林部、教育部前期联合向党中央国务院提交的迁校报告，并详细了解了学校在邢台办学的困难局面后，王任重当即写信并交给了老战友张纪光，学校师生听闻，倍感欢欣鼓舞，至此，华北农业机械化学院迁回北京原址办学的征程迈出关键一步，但是回归之路远远比大家预想的艰辛。

彼时的华北农业机械化学院，人员、设备分散在三地，学校正常教学和研究工作严重迟滞，很大一部分设备、仪器都在搬迁过程中丢失或者损坏，人心思变，广大学院师生通过各种渠道向中央反映情况，渴望迁回北京办学，老师们表示："我们不怕困难，只要搬回北京，暂时没有房子，住阴沟也可以！"而当时的北京原址，90%的教学科研用房被多个单位占用，校内分割围砌的残墙断壁和铁丝网到处可见，仅仅只有医务所小楼和幼儿园为学校的北京留守处所用。当时在原校址办公的单位有：一机部机械科学研究院、一机部机电研究所、一机部标准化研究所、北京起重机械研究院、郑州机械研究院、中科院地球物理研究所、中国地震局地球物理研究所、红旗轿车服务站、农业出版社农业印刷厂、农业部农业机械化研究所、中国农业机械化研究院的农机化研究所、农业部展览办公室、河北驻京办事处、北京房修公司、北京卫戍区某连队。

虽然回迁之路并不顺利，但有农林部、教育部的支持，以及王任重副总理的关心，学校上下并没有放弃努力，仍然千方百计、四处奔走。果然，不久事情就出现转机，时任中共中央秘书长胡耀邦对学校提交的回迁报告作出批示并口头表示："农业机械化学院在邢台办学确实困难，可以迁回北京。"在此基础上，学校趁热打铁，通过主管部门农业机械部再次向国务院提交报告，王任重副总理批示之后提交，邓小平1979年4月18日批示："同意。"此后，报告经国务院总理和各位副总理圈阅同意，至此，华北农业机械化学院迁回北京原址办学，恢复北京农业机械化学院名称终于尘埃落定。学校师生员工听闻，欢呼雀跃："学校终于获得新生，我们的愿望实现了。"

道阻且长

1979年3月，北京农业机械化学院主楼二层的一间会议室里，参会双方言辞激烈，由发言渐渐变为"争吵"，主持会议的王任重不得不多次打断双方发言。参加会议的正是农业机械化学院和机械科学研究院，双方围绕校舍腾退问题各不退让。类似这样的会议，在那一段岁月里召开的次数连那些亲历者都记不清了，据时任学校党委书记艾荫谦回忆，仅到中南海参加类似会议就有十几次，农业机械化学院迁回北京办学和收回外单位占用房屋的艰辛历程可见一斑。

虽然党中央、国务院在1979年5月就发布文件，正式批准学校由河北邢台迁回原址办学并恢复北京农业机械化学院，但由于占用校舍单位不愿意退还校舍，学校的正常教学科研工作在很长一段时间内得不到保障，连学校正门的传达室都被别的单位占用。学生上课、做实验，教师干部办公都不得不在临时搭建的地震棚、鸡舍、马厩、木板房里进行，不少教师都是坐在砖石上备课、批改作业，即使是在这种艰苦的条件之下，师生也保持着昂扬向上的精神状态。有一次，艾荫谦去找农业电气化专业的杨存葆老师，发现他当时光着膀子，汗流浃背，忍受着蚊虫叮咬还在聚精会神的备课。由于夏天天热，后勤的同志出于好心，在教室屋顶上放些泥和草，用以防晒，居然把屋顶压塌了，有少数同学受了轻伤，可是他们毫无怨言，表示"学校也是好意，没什么事"，照样去上下一节课。学校物资奇缺，学生上课的桌椅都被搬来搬去，有时候学生到课堂上课时发现桌椅不够用。经过学校与占用主楼的机械科学研究院交涉，退还了第四、五、六层教室，但对方不允许师生走主楼南北两个正门，于是用一堵墙把现在的主楼楼梯从中间一分为二，学校师生只能从西边侧门经过隔开的楼梯外侧上至四层，楼梯狭窄，数百人同时上下，非常拥挤，曾有老师不慎摔倒骨折，严重影响日常教学工作。

回迁后的临时校舍

到了1984年，学校迁回北京原址办学已经5年有余，房屋腾退工作进展仍极其缓慢，校舍的核心部分，主要的教学、实验用房以及教工住宅楼依然被外单位占用，学校校园内部充斥着临时建筑，杂乱无章，完全不像是高等学府应有的校园环境，大部分仪器、图书都存放在箱子里，来访的外宾看到这种情况，戏称北京农业机械化学院是"箱子大学"。1985年10月，北京农业机械化学院更名为北京农业工程大学。1987年，在学校师生的争取和相关部委的支持以及党中央领导同志的直接关怀下，国务院成立"退还北京农业工程大学被占校舍领导小组"，专门解决

回迁后的实验室

学校被占校舍腾退问题。经过无数次的书面报告、口头汇报和协商，一直到1991年底，学校主楼、一教、二教和民主楼等校舍才基本全部归还学校，基本结束了长期混乱的局面，学校大门也结束了标牌林立的历史，北京农业工程大学的标志开始熠熠生辉，学校也步入稳步发展期。

从中央发布文件同意学校迁回北京到学校基本收回校舍前后持续将近十年的时间，这一曲折历程，是党和国家领导人关心农业教育、支持农业教育的真实写照，先后有多位党和国家领导人做出过批示、口头指示，召开专门会议或者圈阅文件；这一曲折历程，也是一代代农大人拼搏进取、锲而不舍的真实写照，他们发扬不怕苦、不畏难的精神，在艰苦条件下始终沉浸于教学科研工作。

（作者：岳庆宇）

上篇　生生不息

历史不会被遗忘，
昔日的记忆淳化为回味无穷的老酒。
时代的大潮，浩浩汤汤，
日新月异的校园，流光溢彩！
图书馆、教学楼、科研中心、博物馆……
新的建筑承载了新的故事。
一代代农大人，
于传承中创新，
于创新中奋进。

网红图书馆

在东区的校园内，有一座建筑被称之为"别人家的大学图书馆"。2019年6月，图书馆刚一开放，便成了"网红"。

"新图书馆真的太棒啦！进去逛一圈就让人有特别想学习的欲望，环境整洁明亮，桌椅舒适，还有不少绿植点缀，很是惬意。最重要的，各功能区间配套齐全，分布合理，有阅读区、讨论区、观影区、研讨室、自习区、看报区……我个人最喜欢电话亭，里面不仅可以打电话，还可以朗读，坐着学习累了还可以进去站着看会书，真是棒极啦！"

东区新图馆

新图书馆内景

　　"榻榻米真是太舒服啦，学习累了还可以躺着放松一下，躺着学习的体验很酷！"

　　"新图书馆不仅让人充满学习的热情，明亮宽敞的内部环境，充分利用每一处空间的装修风格也让人眼前一亮。"

　　"二十多个功能区，一应俱全，每次走进去都让人有一种再也不想出去的感觉，明亮的落地窗总是让人心中充满热情，好像还能再学三天三夜。这里不仅学习氛围浓厚，仿佛还能让大家更热爱生活。"

　　"环境整洁干净而且空间宽敞，让人很有学习的欲望！"

　　"最喜欢带有磨砂玻璃和电源的隔断自习室，为喜欢清净的我提供了私人学习空间，再也不怕影响啦！"

　　"自助借还读书处的图书杀菌机，及时消杀细菌，更多了一道安全屏障，妈妈再也不用担心我的学习啦！"

　　"有一种你望尘莫及的'洋气'叫中国农业大学新图书馆！"

　　……

　　同学们的"怒赞"像长了翅膀一样，在网络上飞散开来，让本就很红了的图书馆更是红上加紫、紫里透红。

　　新图书馆为什么就这样红？

　　上下五千年，纵横天地间。图书馆当以天地为纲，以日月为灵，以历史为容，延伸成一个富丽堂皇、举世无双的知识殿堂。

　　新图书馆恰正遵循了这一理念。在图书馆的前广场，处处流溢着秦风汉唐之古韵。一个巨大的校徽镶嵌在广场正中心，校徽两侧的地面上雕刻着二十四节气物候语，广场的东侧是一排排低矮的景观墙，墙面上镂空雕刻着《氾胜之书》。《氾胜之书》是西汉晚期氾胜之汇录的一部农学著作，被认为是我国现存最早的一部农书。夜幕降临，在灯光的映照下，《氾胜之书》清晰可读。而在图书馆东西两侧的玻璃窗上，用篆书写就的《氾胜之书》跃然窗上。想象一下，当午后的阳光映照在图书馆的玻璃上时，你正翻阅着微微泛黄的书籍，那古朴的文字透过阳光映照在你书本上的影子，那一刻作为农大的一分子，你内心洋溢着满满的自豪感。

新图书馆交错的楼梯

走进新图书馆，首先映入眼帘的便是一层大厅的自助服务区。在东侧的服务总台外，自助借还机、自助打印机、图书杀菌机等设备一应俱全，角落里还有两间朗读亭，有两名同学正在里面戴着耳机，或诵读课文，或听音乐。

新图书馆内呈中空式布局，抬头看去，屋顶天窗将自然光线引入室内，中庭上方的三处空中斜连廊给图书馆增添了层次感。这里的楼梯纵横交错，七层圆环式的结构，"外方内圆、和而中正"十二盏大灯照耀，天地间便自觉有知识的力量。即使你只是进去参观，说不定都会忍不住想去书架上寻觅一本书来看，亲身融入这浓郁的学术氛围。

斜连廊里的空间也被巧妙利用，馆内区域每层设置了榻榻米区域，并在上面铺了软垫。可以说既有设计美感，又满足了同学们偶尔需要一个小空间来供自己减压休息的小心愿，在椅子上坐累了，很多学生便来到这处"空中楼台"躺着看书，或是小憩一下。通过中庭的大斜梯走上二层的学习空间，多种颜色的圆拱形桌椅、带有蓝色围挡的双人自习座位，给灰白色调的建筑空间带来了不少活力。看着不同颜色交错摆放的休息坐垫，即使今天学习任务繁重，心中的烦恼也会从你坐下来并靠在垫子上的那一刻不自觉消散了许多。

当你休息后精力充沛，抱着一摞学习资料进入图书馆的自习区域，这里具有人文气息的设计风格，潜移默化地提升了你的学习氛围，同时一些细节设计如——自习室的桌子装有磨砂屏风隔断，屏风下有电源、电子屏及亮度调节旋钮，为学习提供了更加完善的环境。

这样的自习室，让你避免了和陌生同学面对面的尴尬，避免了手机、电脑等用来学习（或是放松一下）的电子产品没电时的手足无措，甚至是学习到夜晚，也有可调节亮度的台灯给你提供更专注的学习环境。

如果你正在这安静的氛围中，接到了导师打来的电话要指导你的课题怎么办？或是家人、朋友来电时怎么办？或是每天早上晚上想练习口语室外太冷、室内怕吵到别人怎么办？那么在这个网红图书馆里，完全可以解决这些问题！你只需要在每一层特设的隔音亭中找一个空位，就可以开始你的交谈，甚至可以将电脑或手机放在亭中简易支撑桌板上，这样能带来更好的交流感受。

其实一个人的声音还是可控的，万一你们的学术小组需要讨论呢？几个人坐在鸦雀无声的自习室，发出一点声音都是高分贝扰民行为。这一点学校早都替你想到啦！图书馆还有研讨室、小组讨论区等多人学习的区域，你们在这里可以畅所欲言，体会共同合作的学术氛围。

温馨的不只是设计，还有暖心的服务。自助借还图书处，设置了图书杀菌机，不论是你还书还是借书，都可以借用这台仪器，给你的阅读更添一份新意。

有同学在自己的微信朋友圈晒出了"凡尔赛"："怎么说呢？自从新图书馆出现在我的生活里，我感觉我这颗浮躁的心找到了归宿，什么宿舍夜宵追剧、游戏电影的再也不香了，还是待在图书馆好，从我的后腰踏实地靠在榻榻米的那一刻，简直就是舒服！"

但是，这位同学可能不知道，在享受这些舒适的背后，凝结着多少人的艰辛和汗水。这个"网红"的图书馆，从立项到投入使用，用了整整十年的时间！

历史的时针拨回到2009年5月2日，胡锦涛同志来我校视察，并要求我校要加快建设世界一流农业大学的步伐。学校领导班子审时度势，多次召开专题会，研讨贯彻落实胡锦涛同志重要指示，形成了包括建设新图书馆等多项需求和举措的报告，并上报给中央领导和国家有关部门。图书馆从立项审批到考察论证，再到办理各种手续，陆陆续续经历了六年。据说，当时批下来的图书馆的使用面积是6万平方米，后来本着节俭节约的原则，几经修改方案后，最终确定为4.9万平方米，地上七层，地下一层，可藏书200万册，有3000个阅览座位。图书馆是目前校园内单体建筑面积最大的一栋建筑。

　　为了设计好、建设好这座图书馆。学校专门成立了图书馆建设筹备工作组，小组成员曾陆续考察了国内外多家知名图书馆，招标时由建筑专家、图书馆学专家、教师代表、学生代表进行联合评审，最终确定了这个方案。回想起新图书馆的设计初衷，建设小组副组长韩明杰说："我们首先想的就是，学生在图书馆中是一个什么样的状态。在设计前期，通过在学生中进行调研，建设小组列出了读者的10种行为，除了传统的专注式阅读，近些年逐渐兴起的协同式阅读、休闲式阅读、碎片式阅读也被纳入其中，小组针对不同的阅读方式设计出了20种不同的阅读场景。"

　　2015年10月16日，在农大110周年校庆日当天，新图书馆隆重开工奠基。图书馆的建设岁月牵动着广大师生及校友的心。学校领导多次前往施工工地现场办公，提出图书馆是一所大学文化的重要象征，是蕴藏知识的宝库，也是学子汲取知识和精神力量的重要场所。因此，新图书馆既要好看、好用，又要现代化、数字化、信息化，要把新图书馆建为校园的又一标志性建筑。

　　又是四年！时光匆匆，岁月如歌。2019年6月，在师生翘首以盼的期待中，新图书馆终于落成了！它一经现身，便惊艳京城！以它独有的科技感和人性化、高颜值迅速成为"网红"，更是成为广大毕业生、校友前来"打卡"的圣地。

（作者：欧阳永志）

最是难忘植保楼

  2018年8月29日，植保楼褪下了遮掩已久的绿色面纱，正式移交使用。我和广大师生一道翘首以盼，终于一睹芳容。橘红色砖石堆砌成高耸的墙面，与校园里那些用过火砖砌墙的老楼们保持一致，为这座新建筑增添了几分历史的厚重感。明亮的玻璃幕墙横向贯通，仿佛一条腰带，束出美人的窈窕身姿。白色的装饰墙点缀其中，镂空雕刻着抽象的叶片和果实形状，表明植物保护学院特有的属性和身份。

  植保楼项目是在老植保楼旧址上新建的。《校园记忆》第一季收录了赵竹村老师的《悠悠植保楼》，其中有关于老植保楼的故事：

  老植保楼建于20世纪50年代末，楼分两翼，如双臂舒展开，环抱着被称为"植保小院"的一小片园林。院内，五棵高大的梧桐树

新植保楼外景

挺拔屹立，每逢盛夏撒下一片荫凉。虽条件略显简陋，但"惟吾德馨"，这里一直是植保学科人才荟萃、商略旧学、融汇新知的重要殿堂。

老植保楼

新植保楼工程自2013年4月启动，于2015年5月正式开工，前后历时五年最终建成，并被北京市优质工程评审委员会评为2017—2018年度结构长城杯金质奖工程。植保楼总用地面积约1.4万平方米，总建筑面积为4.2万平方米，以科研实验用房为主，并配套有教学、办公和会展等多种空间。正如老校长柯炳生在开工仪式上所畅想的那样：

植保楼是我校的重要项目，学校相关领域顶尖专家未来将在这里工作、学习。作为我校未来的标志性建筑之一，新植保楼一定会成为国际学术交流的重要场所。

植保楼的建成，大大改善了师生科研、工作和学习的条件，虽然位于校园一角，却日日人潮如织，为学校增添了一个新的地标性建筑。

植保楼包括地下两层和地上四层，其中地上部分大体呈"回"字形布局，端庄大气。圆形的报告厅挑高为两层，在方正的大楼转角间探出一个柔和弧线的侧面，刚柔相济，交相辉映，透露出中式哲学的智慧来。在大楼的西北和东南两角各留有一个开口，这是按照与北京的优势风向相同的角度设计的，可以充分利用自然风来通风换气，既绿色健康，又节能环保。中庭设计为下沉花园，纾解了地下空间的沉闷压抑，在钢筋混凝土的建筑间增添了一抹绿意。

每当我走进植保楼，移步换景之间，便可以品读到截然不同的味道。科研区间，研究生们兢兢业业，忙碌的身影孜孜不息；教学区内，学子们充满朝气，向学之心求知若渴；会议区中，大家各抒己见，讨论场面热火朝天，只为探求真知；活动区里，青春气息洋溢，舞动的身姿与灵动的歌喉一起演绎出最美妙的乐章……植保楼内的不同地方，珍藏着每一个人不同的记忆。

我记得实验室内那不息的灯火。老师彻夜批改论文、作业，不知不觉便是东方天明；学生辛勤完成实验，不得结果绝不轻言放弃。晚归的人们刚刚离开，早起的学生又开始了新一天的工作。大家的生活节奏虽然不尽相同，但却一起组成了最和谐动听的乐章。每每在深夜里行走于植保楼内，看着一盏盏灯亮了又灭，仿佛星星在眨眼睛，轻轻地对我诉说："安心吧，这里你并不孤独。"这灯光照亮的不仅是一个个寂寞的黑夜，更是一条条通往真理的道路。

我记得教室里那些颇有"年头"的教具。干净整齐的教学实验室里，摆放着一罐罐浸泡的植物病理标本，悬挂着一张张手绘的病虫害彩图。微微泛黄的色泽，似乎与先进前沿的实验室格格不入；但细细品味之下，却可以感受到老一辈学者严谨治学的精神。当我捧起一枚20世纪五六十年代制作的装片，看着一位位已经故去的人名、机构名，很难不激起对学科悠久历史的浓郁自豪感。当历史与现实交融于当下，正是这些真真切切的文化遗产在激励学子奋发向前、再创佳绩。

我记得那充满科技感的现代化设施。公共实验室中的大型尖端仪器，可以帮助科研人员更好的探究生物世界的奥秘，解决植保领域困扰已久的难题。教室里全智能的触控电子白板，辅助教师教学达到最理想效果，即使相隔千里，也可以借助线上手段相聚于云端。报告厅内全尺寸的曲面屏，带给观众最佳的视觉听觉盛宴，一道道文化大餐令师生流连忘返。连窗帘的开闭都可由机械自动完成，一切都是为了保障师生学习工作时刻处于最优状态。

我记得那在自习区日夜求学的经历。敲击键盘咔嗒的清脆响声，笔尖划过书本的沙沙声，沉思到深处突然发出惊喜的欢呼声，不同的声响交织在一起，分外和谐动听。无论是为科研中的"拦路虎"寻找解决方案，还是完成一份颇有挑战性的作业，再或是在准备"考公""考研"为未来谋划，这里都有数种个性化的桌椅让你各取所需，整齐的电源接头一字排开，高速的无线网瞬间连接，志同道合的求学者就在身边，无论是谁都可以在植保楼中完美地找到适合自己的地方。

我更记得那些充满烟火气息的地方。一层专门设置了创业展示区，咖啡厅里售卖的饮料轻食，让人足不出户就能享受到美食美味；

新植保楼鸟瞰

在科研间隙，到地下健身房里挥汗如雨，恣意释放自己的能量；活动室可以变身为KTV，与班级的同学或是实验室的小伙伴们相约一展歌喉；在报告厅的舞台上，可以尽情展示自己的所长。老师和学生就是植保楼的主人，师生的需求就是学院努力的方向。植保楼不仅是学习工作的场所，更能带给人们家一般的温馨。

而我最喜欢的，却恰恰是那些并不起眼的小角落。为植保学科数位大师先贤铸造的半身像安放在每一层的楼梯口上，默默注视着发奋图强的后来人们。每逢清明节或是大师诞辰，雕像前就会多出几束祭奠的雏菊，聊表后辈的悼念和追思。盆栽的罗汉松、金银木，苍翠古朴的造型别有野趣。但在植保学院里，不经意间就能听见过往的学生问上一句："它可能感染什么病害？"更或是选一个阳光正

好的午后，去探访设置于一隅的图书角。悠闲地坐在三角凳上，充分放空自己，度过一段美妙的读书时光。植保楼内这些各色的景观小品，精巧而别致，寄托着一份对师生亲切关怀的小心意。

建筑是凝固着的生命，建筑的价值皆由生活在其中的人们所赋予。从这种意义上讲，植保楼的记忆，并不只是建筑本身，而是由那些在植保楼内工作和学习的人们的经历共同拼凑而成。第一次参观植保楼时的忐忑与惊喜，成功完成实验时的欣悦与激动，菌落在培养基上生长出色彩斑斓的图样，小昆虫在新发的绿叶上踟蹰爬行，老师倾囊相授、答疑解惑，同窗相约未来、郑重承诺……一幅幅图景在眼前飞速划过，抓取出任何一幅来都有着无尽的故事可讲。

有一些故事无论如何都不会忘记。2020年春节期间，正值疫情肆虐之时。一场大雪之后，厚厚的、洁白的雪花覆盖在红色的建筑上，庄严肃穆之中，掩盖不住那火一般流动的热情与激情。留在植保楼内的几位同学以皑皑白雪作纸，用自己的身体为笔，写下"I Love CPP"（CPP是植保学院的英文缩写）"武汉加油"等字样，画出爱心、点赞、微笑等图标，表达对学院的热爱，为中国加油。他们将拍摄好的照片通过微信朋友圈分享，将祝福传递给天南地北的老师和同学，共同分享坚守希望的信念。

等到夏季返校的时候，大家纷纷赶到植保楼来"打卡"。看着一条条定位"中国农业大学植保楼"的朋友圈，我不禁会心一笑。这般美好的植保楼，已经升华为了老师和同学们心中的一个意象，一份可以获得安宁的归属感。它方正刚毅地屹立在校园一角，传递着坚定无畏的力量和勇气。它在每一个夏天送别毕业生，在每一个秋天迎来植保楼的新鲜血液。时光如流水滚滚向前，概莫能外。再相见时物是人非，才知真情难改。只是，回到那熟悉的地方，寻找回已经淡忘的记忆——是勤读乐学几度春秋，唯伴虫观菌爱你依旧。

站在宽敞明亮的植保楼大厅，看着一个个或熟识或陌生的身影穿梭而行，嗅着创业咖啡店飘来咖啡的香味，我的耳畔又响起昆虫学系彩万志教授的那阕《南乡子》来：

思念何处有，农大西区植保楼。百年学府真理求，悠悠，刻骨铭心几春秋。

自从离校走，广阔天地任我游。建功立业前程绣，看就，五湖四海竞风流。

（作者：李杨璞）

理学楼

　　在中国农业大学西校区旧教学楼东侧有一幢"L"形建筑，这就是理学楼。作为校园内比较"年轻"的教学楼，理学楼静静地矗立在白杨大道旁，陪伴着一批批朝气蓬勃的青年学子完成基础专业课程的实验学习。

　　理学楼位于西校区东侧，西近旧教学楼，东邻锅炉房，南抵新综合楼。理学楼总面积接近20000平方米。其中地上有四层，建筑面积11930平方米，规划建设基础化学实验室120平方米实验室25间、60平方米实验室15间，专业教学实验室51间；还配有部分办公

理学楼外景

用房及设备用房等；地下有两层，建筑面积7310平方米，其地下一层为精密仪器实验室，地下二层为车库和人防工程。理学楼于2013年8月开工建设，2015年7月完成工程建设，2015年10月正式挂牌。

理学楼是中国农业大学"十二五"规划中的重要建设工程之一，对改善学校基础课教学的硬件水平和农药及化学学科的科研条件有重要意义。在此之前，学生们的化学实验课除生化、药械等课程外，大都在土化楼和应化小院，实验条件比较简陋。农药及化学学科的老师们也大都挤在土化楼和应化小院中开展科研工作，实验室通风环境很差，实验设备、仪器柜、电冰箱等把小小的房间塞得满满当当，教授们几乎没有独立办公室，几个人共用一间屋子，除电脑桌、办公家具外，还见缝插针地摆满了书籍、实验用品……在这样艰苦的条件中，理学院师生获得了3000多万的科研经费，发表了150多篇SCI论文的成绩，农药学作为植保学科下的二级学科之一，为这块"金牌"提供了重要支撑。

时任校长柯炳生教授曾说，在学校资源紧张的情况下，理学楼建设项目优先安排，是出于"综合考虑"后的决策：一方面，学校当时建设布局规划时，曾经对校园楼宇运行现状进行评估，对土化楼的评估结论是无法维修；另一方面，是因为理学基础对人才培养至关重要，理学院对学校发展和人才发展起着重要的支撑作用——建好理学院楼，是重视教育教学的重要体现，以及学院师生在教学科研方面取得的"非常棒"的成绩，对农药及化学学科这一特色学科建设也有推动作用，而且理学院迁新腾旧，也可为校园未来规划盘活空间。

事实上，理学楼的建设在一定程度上缓解了学校实验实习用房严重短缺的现象，有效改善了农药及化学学科的实验实习条件。理学楼满足了全校基础专业课程实验实习及理学院专业科研实验的基础使用需求，实现实验实习项目的统一规划与管理，并且，在满足全校师生对各类科研实验实习场所基本需求的同时，还提升了学校系统功能的完整性，保障了学校的长远发展。

学校领导为理学楼揭牌

　　理学楼是为建校110周年献上的一份厚礼。2015年10月14日，校庆日的前两日，理学楼正式揭牌。理学院时任院长周志强形容，这一天对理学人"非常重要、值得纪念"。这天，新理学楼正门前围聚了很多理学院的老师和同学，他们来见证新楼启用仪式，气氛喜庆和热烈。学校党委书记姜沛民，校长柯炳生，党委副书记、副校长张东军，副校长龚元石，党委常委、党政办主任李培景，毕业20多年的校友和师生一道表达祝贺，共同分享乔迁的欢乐。这次仪式也非常简约，前后不过十多分钟，和这幢楼开工时一样，没有任何铺排，摆放的花篮表达不同年级校友的心意。在理学楼对面，一路之隔就是理学院人工作很多年的土化楼。周志强说："跨越一条马路，我们用了35年。"当理学院从"应化小院"到新理学楼，姜沛民书记、柯炳生校长与学院领导一起为新楼揭牌，新大楼带来新气象，新大楼也是新平台，期待大家继承传统并不断弘扬，努力超越前人、不断超越自己，在这里再创新辉煌，在学校全面发展中做出理学人的新贡献。

　　从理学楼设计之时起，学校领导就对大楼的建设质量、使用效益多次叮嘱，柯炳生校长更是给予全程的持续关注。在资源有限的情况下，优先做最紧迫的事；让有限资源发挥最大效益，该简的地方一定简，需要费心的细节绝不能错过一个，同样体现"内涵式"。从细节出发，理学楼总体延续和传承了校园周边建筑风格和人文气息，保持了在规划上和谐统一，既突出了校园的厚重感，也透露出了活力和时代气息。

　　理学楼是理学精神的传承地、发扬地。在理学楼正厅左侧，坐落着我国农药科学先驱者之一、我校农药专业、农药学科奠基人黄瑞纶先生的铜像，黄瑞纶先生铜像揭幕成为理学楼启用后的"第一件大事"。2015年9月15日上午，理学院的4位老教授——1949年入

理学楼

学的陈馥衡、陈万义、钱传范和1962年入学的江树人，缓缓拉开披覆在铜像上的红绸，大师的形象展现在校友、师生面前：黄瑞纶先生端坐，衣着简朴，神情慈和又带有威严。这次纪念活动还展示了黄先生的另一面，在铜像身后，是他所书的鲁迅《无题》诗。他早年入读的金陵大学附中、金陵大学，从那时起积淀下中西汇通的素养。"俯首甘为孺子牛"是这首《无题》诗中的一句，也是黄瑞纶先生的精神写照。曾经师从黄先生的钱传范教授说，他治学非常严谨、勤奋，对年轻一代非常关心，我们怀念他；陈万义教授回忆，六十多年前在全面教改中，黄先生根据国家需要创设学科、培养人才，正是他的坚持才有我国农药学的发展；58级校友赵锦英再忆黄先生1975年最后住院前一日来信，"我心里很平静，我并不怕死。但是，我唯一放心不下的是，我为之付出一生心血的农药事业不要付诸东流……"20世纪80年代毕业的一批农药学企业家校友回到母校，他们说，是黄瑞纶先生等前辈的精神，激励着自己一代人。这次他们回到母校，就是要把这种精神传承给后来人。

继承大师精神，激励笃学明志、爱岗敬业、不断前行。理学楼见证了师生的辛勤付出，也见证师生的成长进步。"学理使人明智，学理使人知道，学理使人求是，学理使人创新"，扎实的基础学科教育，在培养学生的思维、逻辑、概括、抽象等能力上具有独到优势，为学生未来的发展提供更广阔的空间；深厚的理学基础，对学生的深造、科研、工作起到推动作用，特别是在关系紧密的交叉学科中，作用尤为明显。新一代理学人继承和发扬前辈们"博学笃志，切问近思"的治学态度、"悉心致力，以尽其职"的敬业奉献精神，正迈着坚实的步伐在教学科研、人才培养的道路上笃定前行，为"双一流"建设、人才培养做出新的贡献。

（作者：武镒）

工学楼里百年回眸

2052年金秋十月，年逾古稀的我们受邀参加工学院成立100周年的庆祝活动。

尽管已经是信息时代，全网直播，无论身在地球，还是外太空都能感受到热烈的庆祝氛围，但学院依然特别用心，将不同时期的校友邀请回就读时候的校区，我们回到的是北京海淀区清华东路的校区。当我们走进校园，引领我们前往工学院大楼的居然是一个个学院研发的机器人，而那个造型居然是我们报到入校时，接待我们的辅导员和班主任。我们在惊讶和感动之余，迅速地交谈起来，在交谈中，机器人胸前屏幕上还能够连续播放当初我们在校园的照片和相关视频。

学院的这些用心让我们非常感动，更不由得让我们想到入学的时候。

我们这批80后是1999年考入中国农业大学，走进"工学楼"的。其实，那个时候还没有工学楼，我们进入的是东楼（现第一教学楼）。楼顶上"车辆与交通工程学院"几个大字，与如今的水塔比高；相比较别的学院在门口挂着木牌子的院名，心里难免有些得意。其实，只是学院行政办公室在东楼二层，其他的地方都是学校公用的。学院老师上课和做实验的地方，分散在校园的各个地方。即使这样，我们心里还是有着强烈的归属感，每次推开大门，总有一种进家的感觉。东楼的大门总是会嘎吱响，一进门总感到一阵凉爽，夏天尤其明显，心里立刻静了下来。楼上教室里的座椅很是斑驳，有些座椅偶尔会给同学打个埋伏，一不小心就"扑通"一声，座椅脱扣后连人一起掉在地上，即使 这样我们也总是喜欢往这个楼里跑，一起去搞活动、上自习。2002年8月，学校整合工学门类的部分骨干学科专业群，由原机械工程学院、车辆与交通工程学院和农业工程研究院三个单位共同组建工学院。那份对学院的归属和依恋随着楼顶几个大字的拆除在校园里晃荡着。新组建的学院牌子在主楼西侧一层学院党政办公室门口，各家单位依然沿用原来的地方开展工作。

2003年毕业后，我有幸留校工作，四年后得以见证一栋崭新的工学楼投入使用。工学楼位于中国农业大学东校区中轴路东侧。大楼始建于2005年9月（开工仪式为9月15日），是学校百年校庆基础建设工程之一，于2007年竣工。大楼整体造型为"工"字形，总建筑面积达34426平方米。大楼总体为钢筋混凝土结构，地上七层，地下两层。我查了一下当年的资料：

大楼一层大厅设有曾德超院士铜像、院史展及院友长廊，南侧建有虚拟仿真实验教学中心和大学生创新创业中心，北侧为机械与农业工程国家级实验教学中心教学实验室。

工学楼

大楼二层为学生教室，共有本科生教室16间、研究生教室3间。

大楼三层为车辆工程系，南侧建有汽车电子电气、发动机构造、工业设计、工程热力学等教学实验室，北侧为车辆工程系科研实验室。

大楼四层南侧为机电工程系，建有机器人创新、传感器原理、过程控制、智能测控等教学科研实验室，中部建有机电一体化综合教学实验室，北侧设有农机具、畜牧机械、耕种机械等教学实验室。

大楼五层南侧为机械设计制造系，建有农业机器人、3D打印技术中心、机械设计与传动等科研实验室，北侧设有农业工程系农产品干燥、中药材、兔产业技术体系岗位专家工作室等科研工作室。

大楼六层南侧建有农业农村部保护性耕作技术研究中心、农业农村部土壤—机器—植物系统技术重点实验室、中国农业机械化发展研究中心等科研工作室，以及玉米、小麦、葡萄、食用豆四个岗位体系专家工作室，北侧建有农产品安全无损检测和草业机械装备两个科研工作室，以及牧草岗位体系专家工作室。

机械工程训练中心

大楼七层南侧设有国家级生物质能科学与技术国际联合研究中心、农业农村部可再生能源清洁化利用技术重点实验室等，北侧建有教育部农业生物质利用的工程基础教育部创新团队工作室、农业生物质资源利用工程实验室，以及奶牛岗位体系专家工作室。

南侧地下室建有国家能源生物燃气高效制备及综合利用技术研究（实验）中心、智能型土壤—机器—植物系统技术平台、汽车与拖拉机解剖爆炸模型、汽车与拖拉机底盘构造等教学科研工作室，北侧地下室为农业机械装备教学实验室。

把我从回忆中拉回现实的是机器人的提示声，我们来到了工学楼前。节日的工学楼装扮一新，学院领导和学生志愿者们在楼门口欢迎着各位院友。我们穿过经过特殊布置的院友长廊，就好像时间在回转，让我们回味着这些年点滴过往。根据不同专业，我们被引导到了三层。老师们特别用心的布置，让我们感觉回到了学生时代。老同学们触景生情，话匣子全部打开了，完全抛弃掉了因为社会生活而产生的所谓的差异和距离感。

"阿楠啊，这么些年了，你没有啥变化啊，毕业后就去那个厂里当技术员，一直干到总工，也没想着挪个地？"

"别提这个了，你不也一样，一辈子干一件事。咱们啊，在这个地方受过教育，早就烙上了朴素、踏实的印记。还记得上汽车设计课的张老师讲的吗：从严要求、精益求精……"

突然，有人通过大屏幕在和我们打招呼，原来是没法到现场的老叶，"哎呀，当初大家在校园打游击，就想着有一栋大楼，后来终于有楼了，但是你们早就毕业了，我还在楼里读过研究生啊，看，那西侧靠墙的角落就是我的座位。你们还别说，这么些年了，还时常想起我那个座位，那段时光真美……"

他的话让叽叽喳喳的大伙突然沉静了下来，回首这么些年的发展，原来我们的根在工学楼啊。从选择工科，然后在这里经过四年的成长，我们有太多的故事留在了校园。校园文化熏陶和培育了我们，工学楼里的老师和师兄师姐们更是直接指导、言传身教，让我们有了农大人共同的特质，随着岁月的沉淀，不断地放大着这份共性。"解民生之多艰，育天下之英才"，一代代农大人、一代代工学人牢记着这份使命，在平凡岗位上踏实肯干，努力付出，发扬着工匠精神，敬业、精益、专注、创新……

"热烈祝贺工学院成立100周年！"

"为工学院骄傲、为我们自己喝彩！"

工学楼里热闹非凡，相信明天一定会更美好。

（作者：张远帆）

建筑的魅力
——我眼中的信电大楼

一、起点

　　建筑虽然不同于人类拥有鲜活的生命，但它却从设计之初便开始承载人类的文明与历史，它的一砖一瓦一石都是人类发展过程的见证，所以建筑的记忆就这样开始了。信电大楼与我的记忆开始于2008年9月18日，这天是我作为中国农业大学2008级本科新生入学报到的日子。因恰与九一八事变同一天，所以让从小在东北长大的

信息与电气工程学院大楼

我记忆格外深刻。

　　说起一些巧合和不期而遇，仿佛往往都是生命中最好的安排。后来我知道9月18日还是信电大楼记忆的起点。2007年9月18日，坐落在中国农业大学东校区校园西北角的信电大楼投入使用，自此百余名教师和千余名学生有了一座建筑面积近40000平方米的办公及教学科研综合大楼。

　　信电大楼外表看似普通，但却是千余名师生日盼夜盼的"家"。因为信息与电气工程学院是2002年8月由中国农业大学东校区的"电气信息学院"与西校区的"信息学院"合并而成，当时可谓学校规模最大的学院之一。然而这个学院自合并后就一直与"搬迁"二字难舍难分。先是两校区分开办公，后来搬迁至东校区，开始在6号楼做科研，接着搬迁到节约楼，再后来搬迁到食品学院。最后终于在学校"316工程"的孕育下，信电大楼自2005年11月25日破土动工，历经662天日夜兼程与加紧建设，最后于2007年9月18日建成并投入使用，这也成了信电大楼完整记忆的起点。

二、探索

　　信电大楼得以建成离不开学校的支持和重视，更离不开信息与电气工程学院几十年来历经艰辛创造和不断孕育发展的过程。信电学院起源于1955年筹建的农业电气化系和1958年开始招生的生物物理专业，历经几代人数十载孜孜以求、砥砺奋进，中国农业大学信息与电气工程学院已经发展成为拥有一支高水平师资队伍，具有信息与电气学科的本、硕、博、博士后等层次完备的人才培养体系，以农业信息与电气工程为优势和特色的高等教育和科研基地。

　　以汪懋华院士为带学科头人的团队正是在信息与电气工程学院为解决我国农业工程问题不断进行研究探索。汪懋华院士作为当代中国农业工程学科建设与高等农业工程教育承上启下的开拓者之一，也是我国农业工程和农业电气化与自动化学科专业建设的领航者，又是我国精细农业科学理念最早的倡导者与实践推动者之一，他所培养的一代代学生都在我国农业现代化发展各个领域不断进行着研究探索。汪懋华院士不仅自己几十年来躬身耕耘，在人才培养方面更是桃李芬芳。

信电大楼为了将这种探索精神永恒记忆下来，在大楼整体设计时便以探索——"Explore"确定了整体造型，当坐北朝南，俯视整个大楼时，我们会看到整个信电大楼呈现的是一个英文字母"E"，"探索"自此融入了信电大楼的灵魂。

经过最近十几年的探索，信电学院现有国家"双一流"A+学科农业工程—农业电气化与自动化、计算机科学与技术、电气工程三个学科；拥有八个省部级重点实验室、工程中心或试验基地；是中国农业工程学会农业电气化与信息化分会、全国高等学校计算机基础教育研究会农林专委会、中国电机工程学会农村电气化专委会、中国农机工业协会精准农业技术装备分会的依托单位；牵头发起了中国渔业物联网与大数据产业创新联盟、中关村同航智能装备技术创新联盟，组建了智慧渔业产业研究院（烟台）。信电学院和 Cieer（信电人）这些关于农业现代化探索的历程和取得的成绩，无一不被信电大楼记忆。

三、勤学

泰戈尔《飞鸟集》中"世界上最远的距离……"被许多青年学生所熟知。我记得在我上学时，经常能听见有女同学讲"世界上最远的距离是，'公主楼'B 座到信电学院上课"。据说，当时有人估算，这个距离是各学生宿舍楼到各教学楼的距离最远的一个。虽然距离远，但就如同泰戈尔的诗所表达情感一样，同学们对信电大楼充满了感情。

信电大楼中超过90%的使用面积均用于学生教学、实验、科研、实践以及课外活动。信电学院也是紧紧围绕立德树人的根本任务，在不断加强党的建设，精心谋划学院发展同时，重视"三全育人"工作，并且根据学科专业特色与科技发展趋势，持续开展教育教学改革与人才培养模式创新，加强创新实践基地及在线教育平台建设。建院六十余年来，已为社会输送各类人才两万余名，遍布祖国及世界各地，为农业现代化发展不断探索和躬身实践。

在信电大楼的记忆里，有一段关于我成长的记忆。因为家庭经济困难，进入大学我便申请了勤工助学工作，开始在272机房打扫卫生和整理实验器材，后来在学生科做助管，整理学院学生创新基金的资料。刚进入大学的一段时间，除了学习和勤工助学，我几乎没有其他的课余生活。一次学生科辅导员和我谈话，他看我不爱说话，就鼓励我在大学里要把握每一次锻炼和改变自己的机会，学会主动成长。这次谈话改变了我的人生轨迹。

我鼓起勇气报名并有幸成为学院学生会办公室的一名干事，课余生活和锻炼的机会多了。第一个学期结束了，我的总GPA有3.88，辅导员鼓励我说，继续保持努力很有可能获得国家奖学金。然而，

春日的信息与电气工程学院

由于高中缺乏英语和计算机基础，第二学期的成绩不及第一学期，最终与国家奖学金仅几名之差。我还记得前几次计算机基础课时，老师说双击鼠标，我傻傻地以为双击是左右键一起点击。但塞翁失马焉知非福，我获得了曦之教育基金奖学金，并且后来一连三年均获得此奖学金。为此，我有了一个名字——"曦之人"。在农大校园里有许多优秀的"曦之人"，我们一起参与志愿服务回报社会，一起参加校园活动锻炼自己，其中我还和几个同学一起加入了学校国旗班。认识的同学和朋友多了，我越发找到了自己的不足，并且我始终记得"主动成长"，于是在相互学习的过程中得到了锻炼和提升。后来我成了学院学生会主席，再后来我选择了学工保研，并且也成了一名辅导员。就这样，我从一个不会操作鼠标的少年，最后获得了农大优秀毕业生并保送研究生。在担任辅导员工作期间，我也经常把"主动成长"的故事讲给同学们。

四、笃行

在信电大楼的记忆中，信电学院在过去十几年人才培养、学科建设、师资队伍建设、信息化建设、科学研究、国际合作与交流等方面不断取得新成果。如果说建筑有使命，信电大楼的使命不仅在于记忆、探索，更重要的是激励 Cieer 面向未来不断发展、进步，去努力创造新的历史。

这就是我眼中的信电大楼，它以建筑独特的形式承载和传递着人类的情感。虽然我已经不在这座大楼里学习和工作，但每每走过大楼西门，看着校友为学院捐赠的刻有"勤学、笃行"的巨石，就能感受到一代代信电人的精神传承，能感受到这座大楼的力量，仍然激励着我探索、勤学、笃行……

我想这就是建筑的魅力。

（作者：张鑫）

曾宪梓报告厅

  在东校区校园的北部，有一组红白相间的建筑引人注目，这就是信电学院大楼、工学院大楼和稍后修建的机械工程训练中心，三栋建筑呈品字形排列，在品字形建筑的中心位置有一栋三层的红白相间楼宇，这就是曾宪梓报告厅。

  曾宪梓报告厅始建于2005年，与信电学院大楼和工学院大楼同期建设，原名为东区报告厅。2010年底，学校决定对其进行装修，香港金利来集团董事局主席曾宪梓博士出资500万港币，专项资助报告厅的装修。为了表彰和纪念曾宪梓先生的爱国情怀和赤诚义举，

曾宪梓报告厅内的演出

学校将报告厅重新命名为"曾宪梓会堂"，但是人们更加习惯于称呼其为"曾宪梓报告厅"，也有师生称其为"东区报告厅"。

2011年9月9日晚，师生齐聚曾宪梓报告厅，庆祝第27个教师节，这也是报告厅装修后首次和全校师生见面。天花板上明亮的射灯，观众席上一排排崭新的座椅，宽大的舞台和各种配套的舞台灯光，让师生们感受到新报告厅的魅力。据悉，报告厅建筑面积2400平方米，拥有上下两层看台和1020个座席，不仅可用于学生活动、文艺演出和各种会议等，还可以放映电影。

学生代表大会、研究生代表大会、暑期社会实践总结表彰大会、社团文化节、元旦电影招待会等。不仅校内的很多大型活动在这里举办，央视农业频道"三农人物推介活动"、中国县域现代农业发展高层会议等涉及校外的活动也曾在这里举办。直到2019年新图书馆报告厅建成投入使用前，曾宪梓报告厅作为东区面积最大的报告厅，一直是学校各类活动的热门场地。

曾宪梓报告厅外景

曾宪梓报告厅在见证诸多活动的同时，也有很多知名人物光临，留下了和农大的点滴记忆。2012年4月18日，诺贝尔物理学奖获得者、中国科学院院士、著名物理学家杨振宁做客名家论坛，和农大师生分享学习与研究经历，鼓励师生做学问要善于和别人讨论、敢于表达观点、勤于创新思维，那一天的曾宪梓报告厅座无虚席，甚至过道都坐满了同学，大家都想近距离一睹首位华人诺贝尔奖得主的风采。杨振宁先生平易近人，一位女同学提问时声音有些小，90岁高龄的杨振宁先生没有听清楚却并未言明，而是起身离开座椅，缓缓走到台前，弯腰倾听同学的提问；讲台下，目睹这一幕的1200多名学子被这一举动震撼，几秒沉静之后，大家报以雷鸣般的掌声。"天哪！杨老师太让人感动了！"坐在记者身旁的水利工程专业学生李笑秋看到这一幕，情不自禁地惊呼，"大师就是大师！"这一幕被镜头记录，为人们所称道，也激励着同学们向榜样学习。

2003年，中央电视台著名评论员白岩松来到农大，和同学们交流时许下十年后再聚的约定。2014年6月18日，白岩松如约再来农大，和师生们畅谈"青春·梦想"。这一次，曾宪梓报告厅成为这场十年之约的见证场地。2011年以来，曾宪梓报告厅结识了一位又一位名人，也见证了农大学子的求知历程。

与很多报告厅不同的是，曾宪梓报告厅不仅举办大型活动，也为社团活动提供了场地。现在，黑白灰话剧社仍然在报告厅拥有活动场地，话剧的排练声不时回荡。黑白灰话剧社不仅在曾宪梓报告厅排练，而且还在这里演出了包括《你好，疯子》《四川好人》《一生一程》《未完，待续》等同学们喜爱的作品。

除了供社团使用之外，曾宪梓报告厅也和中国电影集团合作，建立了电影放映制度，从那时起，东校区的师生可以不出校园就能以较低的票价观看热门影片。

2019年，新图书馆报告厅建成使用，至此东区已经有主楼四层报告厅、食品学院报告厅、图书馆报告厅等五个报告厅。报告厅数量的增加是学校改革发展成就的缩影，曾宪梓报告厅留下了许多宝贵的印记，在学校发展的新阶段，它也会以更好的面貌为师生们继续服务。

（作者：刘铮）

金码的故事

　　记得那是20世纪90年代初冬的一个下午，在外地工作的学生来京看我，说住在了农大隔壁的北林宾馆，邀我晚上和几个在京的同学一起去聚聚。那时，我非常羡慕北京林业大学有自己的宾馆，来了亲戚朋友能有吃饭住宿的地方，心里暗想啥时自己的学校要有个宾馆该多好啊。

　　好事不经念。没过多久，学校就有动静了。之后，见证了拆迁、奠基，一直到大楼竖起来。虽然历时很长，还经历了与北京农业大

金码大厦

学的合并，成立中国农业大学，但心里还是自豪和高兴，农大终于有了自己的宾馆——金码大厦。

2020年12月，又一个初冬的下午，天气晴朗，冬日的阳光把人照得暖融融的。在上班的路上，碰到了正在散步的老领导蒋孝三老师，他是学校金码大厦建设的"功臣"之一。我们聊起过去，许多往事就像发生在昨天，越聊越起劲。赶着上班，不能尽兴，就约好再找时间，专程拜访。12月21日下午，我如约来到蒋老师家，老领导拿出一个厚厚的文件夹——金码大厦建设过程的工作记录——讲述起金码大厦的故事。

一、双子座的隐情

当年，北京农业工程大学隶属农业部。1992年，时任校长翁之馨在农业部召开的部属单位汇报综合改革思路时，提出了综合开发学校周围"一条街"的设想。可是学校没有资金，只能走合作开发的路子。得到上级和学校党委认可后，学校成立了专门工作组，由时任副校长李世盛总负责。

蒋孝三老师那时任副校级调研员，他和总工张艻兰被抽调负责联建的前期工作。前后找了20多家合作方，看现场、谈条件，紧锣密鼓地开始了寻找合适联合建设方的工作。1993年4月，终于与中国华联房地产开发公司达成初步合作开发意向，在学校西南角，也就是学清路和清华东路东北口，联合建设一座高层科技开发综合楼，计划建筑面积52000平方米，占地16000平方米，建成后学校将拥有26600平方米。1995年12月底，学校决定成立联建办公室，科学研究处王建东兼任主任。到了1996年3月，中国华联房地产开发公司负责建楼的华裕兴公司因资金问题，提出再找一家公司联合开发，于是，北京城建房地产开发有限公司参与联建。北京城建委托清华大学建筑设计研究院按"跨世纪工程"的要求重新修改设计方案。由于前期地下勘探资料不足，在原钻井31眼的基础上又补探19眼井。经过再次土质勘探后，勘探结论发生变化，"三类土"变为"二类土"，造成设计方案必须重新设计，一部分降水井还要堵掉重打。为了保证旁边原有建筑金工楼和节约楼的安全，在建筑地东侧、北侧刚建好的护坡墙也要打掉重新施工。

意想不到的难题，一个接着一个。老师们也都很不理解，建个大楼有那么难吗？看着几年没有进展、已是积水成塘的地基坑，有的老师就戏称其为"王八坑"。

1998年12月26日，历经六年多曲折艰辛，农大师生盼望已久的科技综合楼终于开工了。经过170多天的日夜奋战，大楼开始露出地面。2000年6月27日，华裕兴公司将承担项目转让北京市城建工程开发公司，至此，华裕兴公司与联建工程全面脱钩。大楼新设计方案是地下3层，地上20层，比原设计增加了3层，建筑面积也增加到54000平方米。此时，如果还按照原来约定的比例分配，蒋老师和同事们就觉得学校吃亏了。为了不让学校利益受到丝毫损失，又经历一次次谈判，一次次沟通，最终为学校争得建筑面积30062.64平方米，比原农业部批准学校分配面积净增3462.64平方米。

建设过程中的艰辛曲折，唯有参与其中的人心中明了。设计图纸不知改了多少遍；土质勘探结果与设想的不同，工作量不知增加了多少；为保障学校利益最大化，多少次与建设方博弈；一次次资金断裂，急白了多少根青丝；工程耗时太长，个别师生的讽刺挖苦不理解，暗自伤了多少心……学校领导和参与建设的成员们，凭着对学校的挚爱，凭着对教育事业的高度负责，顶住了来自各方面的压力，克服了重重困难，把牙咬碎了咽到肚里坚持着……

二、23 杯酒

好事多磨。眼看大楼拔地而起，农大师生多年的夙愿就要实现了，但建设方资金又遇到了问题，迟迟不能封顶。蒋孝三老师和学校领导、同事们看在眼里，急在心里，千方百计想办法督促封顶。在一次上级相关部门、建设方和学校参加的联席会议上，蒋老师立下誓言：大楼按时封顶，愿一层楼喝它一杯酒，"为了大楼早日封顶，就算是喝倒下，也值了"。

在蒋老师的影响下，各方齐心协力，抓紧推进建设。2000年11月11日，科技开发综合楼主体结构终于封顶，历时610天。可喜的是，大楼工程还通过了"长城杯"检查验收，成为"长城杯"标志工程。有人还记着蒋老师立下的"军令状"，常与他开玩笑。有位参加过建设联席会的上级部门同志，也是校友，知道蒋老师气魄很大但酒量其实并不大，心疼蒋老师，就跑遍了北京城，专门为蒋老师找来了京城最小的小酒杯。

庆功宴上，大家都非常高兴，所有的艰辛和汗水都化作了发自内心的爽朗欢笑。

"我就像个小学生，从最基本的学起。"想起为了早日建成科技开发综合楼所付出的努力，蒋老师感慨万端。从规划到设计；从掌握政策到跑手续；从算账到工程决算……不懂就问，不会就学，一本本专业书翻得卷了角，一个个章盖跑细了腿。一个对建楼一无所知的门外汉，伴随着大楼一点点拔地而起，蒋老师也自学成才，可以算半个专业人士了。在大家的催促和掌声中，蒋老师实现了诺言，一口气喝了23杯酒，从此传为佳话。酒是辣的，可蒋老师的心里是甜的。

受政策限制，这种学校只出土地，不出资金的联合开发模式已不再有，中国农大科技开发综合楼建设模式也成了空前绝后的新生事物。

三、"金码"之由来

2001年12月，科技开发综合楼外装竣工。随着社会的快速发展，科技开发综合楼原定功能已经不能满足学校办学的需求，于是又调整了内部结构，增加了办会需要的餐饮住宿板块。大楼再叫科技开发综合楼一来不切实际，二来也有些不合时宜。在学校的倡导下，一时掀起了"起名热"。一些热心的老师经常三五成群地讨论，为楼名献计献策，有时甚至争论得脸红脖子粗，就为了给大楼取个好听响亮的名字。最后经与北京市城建工程开发公司多次协商，联合向海淀区地名办递交了命名申请书。

科技开发综合楼地处清华东路和学院路（学清路）交界处，属于中关村高科技园区黄金位置，交通便捷；大楼具有智能化设备，独具特色的地下温泉水，建设达到5A级标准。这块"风水宝地"上的大楼，最终集师生智慧起名为"金码大厦"，金是指黄金位置，金色的希望；码是数码科技的缩写，高科技的象征。

走过学院路，金码大厦无论是外观，还是名字，与周围环境和时代发展相得益彰，庄重、大气、不俗气、不落后。

记得金码大厦开始对外营业的头些年并不太景气，有人私底下议论说名字没取好，金码的"码"字写错了，应该去掉石字旁，石马，死马，能有活力吗？如今，一晃20年过去了，现在要想入住金码大厦得提前预约，非常抢手。一次，朋友从山东出差来京，提前三天也没订上房间。金码大厦不仅有了名气，也给学校带来了金色的收成和希望。

四、两棵古树

一些年长的老师可能还记得，金码大厦建成时，靠 A 座门前有一棵柏树，虽然不是很高大，但却有着上百年的树龄，后来有关部门专门做了绿色铁栏杆围挡保护古树。这棵树孤零零地站在门前，像个门神。

树是好树，但在大厦门前，看着确实碍眼，而且出入很不方便，影响来往车辆和行人。正值那几年大厦的经营刚刚起步，也不太好，有人就说，是树挡了风水。我不是学建筑学的，也不懂"风水"，一棵树龄再长的古树，放错了地方，也影响它的价值，何况一棵没有多少树冠、干枯粗糙的古柏放在具有现代气息的大楼门前，确实破坏了建筑整体的美感。不少人都说，要是能给古柏树搬个家就好了。后来，在有关部门的努力下，这棵古柏树被移走了，金码敞开大门，笑迎八方宾客。

其实，在金码大厦的西北角，离 A 座大约30米，还有一颗古松树，据说至今已有300多年的历史，是农大东区仅有的树龄最长的一棵古树，不但有编号，在北京相关部门还有登记。原来树身有个红色的小铁牌，记录着树的基本信息，现在，小红牌已找不到了。这棵古松树生长得很旺盛，树冠茂密，树身强壮，远远看去很是突出。在绿色围栏的保护下，这棵古松与周围绿植遥相呼应，与旁边小树形成鲜明对比，自成一道风景。

为了使这棵古松树留下来，当时参与大楼建设的老师们可没少费心思。首先是在大厦设计时，要给它留出足够的存活空间；其次，在环境规划时，要让它与周围融为一体；第三，要给它足够的有益于生长的条件。这棵古松树没有辜负老师们的希望，顽强、快乐地生长着。2021年年初，我还专门跑去看它。我的双臂已环抱不了它，抬眼望去，绿色的松针像伞一样布满树冠，拳头大的褐色松果点缀在松枝上，别有韵味。它就像我们的学校，内敛、不张扬，历久弥新，努力向上发展着。

（作者：宁秋娅）

农大人心中的新地标：饲料博物馆

　　如果你在校园里问农大师生："饲料博物馆怎么走？"几乎所有人都能立即指出它的方位。其实，饲料博物馆并不显眼，甚至要"钻"一个胡同才能到达，但这丝毫不影响它在农大人心中的地位，老师和同学们都认为：这是农大的新地标。

　　在中华文明的历史长河中，饲料和养殖业拥有悠久的历史和辉煌的成就。经过饲料、养殖业仁人志士多年的共同努力，为我国现代饲料和养殖业发展奠定了坚实的理论、科学和物质基础，使我国成为全球第一大饲料和养殖业生产国。饲料、养殖业的发展，为保

饲料博物馆

障养殖产品的有效供给，促进国民经济稳定发展做出了突出贡献。为记录和展现一代代中国饲料、养殖人的坚持与努力，增进全社会对饲料和养殖业的认知与关注，提升行业共识与凝聚力，引领未来饲料、养殖业的发展，推进中国饲料、养殖大国向饲料、养殖业强国的转变，由政府倡导、国家饲料工程技术研究中心（农业部饲料工业中心）承办、行业成员众筹共建、共享共赢的博物馆——国家饲料博物馆应势而生。

在这里，你可以看到系统完备、完全可进行实际生产的饲料加工设备；可以通过远程监控系统看到一头头小猪如何在精细化科学喂养下健康成长，将植物饲料转化为高品质的动物蛋白；你也可以点击虚拟系统，自主配比饲料，然后喂给小猪，亲自当一回"饲养员"，你还可以看到琳琅满目的1200多件饲料样品，并且会惊叹原来红景天、刺五加、当归等药材并非人类独享。

饲料博物馆陈列墙

这座农大人心中的新地标于2015年10月开工，2016年11月建成开放，坐落在西区国家饲料工程技术研究中心（农业部饲料工业中心）院内，是由原农业部饲料工业中心中试车间改建而成。全馆小而精致，只有3280平方米，内设序厅、综合厅、科教厅、原料标本厅、机械厅，外加阅览室和放映室。博物馆以"传承过去，记载当代，激励后学，引领未来"为宗旨，采用实物、展板、影像、虚拟等陈列技术，动静结合，全息展示动物营养与饲料行业的物质和精神文明。博物馆还集展示、传承、教学、科研、推广和科普多项功能于一身，已有五门课程在博物馆开讲，是独特的现场教学和开展科学研究的基地。同时，博物馆创建了一个帮助人们了解动物饲养、认识食品安全源头的大平台，2017年被评为"北京市科普基地"。

饲料博物馆执行馆长马永喜博士全程参与了博物馆的筹建工作。他介绍说，20世纪90年代李德发院士从美国回国后在学院任教，并担任了农业部饲料工业中心主任。1998年，中试车间建成，当时世界上只有三所高校拥有这样的设施，而我校是中国唯一一所，它建成后立刻成为动物营养与饲料科学"产学研"有机结合的典范，培养了许多社会所需人才。2014年，其生产功能终止，四个库房闲置，后续该如何有效利用呢？李德发觉得应该建一座博物馆或者展览馆这样的文化场所，兼具教学科研和文化传播的功能。"咱们中国素有'民以食为天'的传统，农耕文化有着几千年历史，应该有一个记录饲料文明的博物馆。""饲料文明是中国农耕、畜牧文明的重要体现，记录着中国农业的发展历史。饲料的应用在现如今的食品供给中更是不可替代。"马永喜对记者说，这也是他们对饲料博物馆功能的预期。

饲料博物馆的"标识"内涵丰富。首先值得一看的是序厅北端的巨大"镇馆之宝"——"水景"和"铜雕"。

带领记者参观的马永喜介绍说，"水景"是从秦岭运来整块大石头雕成博物馆Logo的形象，左边是大豆胚芽，右边是玉米胚芽，两个组合在一起，就形成了类似中国传统太极的图形。雕像直径2.5米，并有流动的活水，喷流不息。此外两个胚芽雕像之间的间隙呈"S"形，既像DNA的双螺旋结构，又是饲料中"饲"的拼音首字母，也是科技"science"单词的首字母，反映出饲料行业已经是凝聚着高科技的尖端复合行业，继续蓬勃发展、枝繁叶茂。此外，还象征着教育这个互动循环的过程，寓意师生共识、共享、共进，实现教学相长与共同发展。

饲料博物馆展厅

"水景"左侧的墙壁是一幅巨大的中国传统锻铜工艺铸造的"铜雕"，极其壮观，体现的是远古洪荒和现代合璧的神州，中间"S"形的长河与左右两岸又构成了中国传统太极图形，与"水景"相呼应。大河源远流长，象征饲料行业蒸蒸日上，九州昌隆，六畜兴旺。中国是畜牧和农业的发源地之一，自古就有驯养六畜的历史，所以这幅图中马、牛、羊、猪、狗、鸡六畜都有体现，十分生动活泼。

进入综合厅，参观者可以全方位了解饲料行业的发展历史。例如，西汉时期出现我国最早的饲料配方；《齐民要术》最早提出"食有三刍"与"饮有三时"相配合；唐代已有完善的饲料配方，明代已有发酵饲料，徐光启的《农政全书》集农畜之大成，倡导了循环农业和绿色无污染生态护养……综合厅详细梳理了中国饲料产业发展情况，让师生清晰地了解它的"前世今生"。

上二楼到科教厅，可以看到杨胜教授的全身坐式的塑像。杨胜先生是中国著名的动物营养学家、中国现代动物营养学奠基人之一，是中国饲料科学和饲料工业的第一代创始人。他培养了一批品学兼优的优秀学子，为我国畜牧业的发展、农民的富裕做出了卓越的贡献。展厅还陈列着许多在饲料行业发展过程中比较有代表性的实物，例如从国立北平大学借来的书、杨胜先生给弟子写的亲笔信、国内第一本饲料行业的统计资料1991—2000年的《饲料工业年鉴》、JASB创刊号、国家奖证书……这里展示的是我校师生，在党的带领下，历经艰辛推动新中国饲料产业研究和发展的历程。

原料标本厅内色彩斑斓，1200多瓶各种饲料样品让人大开眼界，每个原料瓶上都有二维码，只要扫一扫，就可以显示出该原料的产地、产量、成分等。在原料厅，除了玉米、小麦、高粱、大豆等常规原料，还有刺五加、当归、红景天等中药材。"动物食用的饲料，营养成分一点都不会比人差，不仅要全面，还要均衡。"马永喜解释道。

此外，电子配方演示系统也是妙不可言。参观者可以利用虚拟系统体验一回"饲养员"的生活。参观者可以用不同比例的玉米、豆粕、小麦麸等原料配制成配合饲料，然后"亲手"饲喂给小猪，之后系统会呈现出不同饲养方案所产生的效果：比如玉米占比太高，小猪便会长成一只圆滚滚的大猪，系统提示"过胖"。此外，参观者还可以通过远程视频系统连线远在河北丰宁的饲养试验场，实时传输的画面可以呈现饲料车间及猪舍内的工作状态。机械厅里陈列的都是原"中试车间"的实物。这些粉碎机也好、环膜制粒机也罢，还能拆卸成零件再组装成机械，可以现场操作教习，并有数控系统予以辅助。这是国家饲料工程技术研究中心团队进行研发的核心宗旨——把饲料加工工艺学和动物营养学完满结合，引领和促进饲料工业的发展。

饲料博物馆的精妙之处还在于"影""实"结合。"实"体现在一个个实物标本，"影"体现在展厅多处设有多媒体互动的电子沙盘和墙上投影图像。它可以联通国内国外多点的信息网络，也可以直接联系到饲料行业产业链当中的各个环节。影视互动和电子交互系统的联通，大大增加了博物馆的视觉内容，并充实了博物馆的展示功能。

国家饲料博物馆不只是一个建筑，也不只是简单的陈设。这里是培养饲料、养殖业创新型人才基地；是国际饲料、养殖业交流的平台；是展示饲料、养殖业原料和高新技术设备的中心，它是助力我国由饲料、养殖业大国成长为饲料、养殖业强国的新动力。如今开馆不到五年，虽然没有进行对外宣传，但有上万人次的参观者慕名而来。马永喜说，科普宣传也是博物馆的一项重要职能，希望能有越来越多的市民、学生走进博物馆，了解饲料产业。

我校老校长靳晋在参观时表示："国家饲料博物馆它有两个'唯一'，中国唯一的饲料博物馆、世界唯一的饲料博物馆；'唯一'的谐音就是'伟业'。"在参观者看来，饲料博物馆确是"伟业"无疑，它连接古今，启示未来，是农大师生结合自身专业、发挥自身优势的展示。而在博物馆之外，他们辛勤耕耘，为饲料产业发展做出的贡献，更是对历史的传承和创造。

在距饲料博物馆南不到20米处，有一个精致的小花园。它似飞来雅境，有小桥瀑布、苍松翠竹、苏式亭阁、肥美锦鲤，题名"倚翠园"。园中循环的流水不知疲倦地拍打着假山，似乎在唤起人们对勤奋的认知，方正的亭子抒发着岿然的正气，告诉人们不拘条件、甘于吃苦、追求真理、建功立业。

（作者：潘彩清）

生命之楼

当你从圆明园西路向北，总能看到不远处的农大校园中，有一幢楼总是灯火通明。可能在你的眼里，它是静谧而舒缓的，只是有时候能看见身着白色实验服的师生在忙碌；但在楼内工作的师生眼里，这幢楼每年、每月甚至每天都有不同，充盈着紧张和忙碌。如果你更多地了解后，就一定会记住它的名字——中国农业大学生命科学研究中心。

在现代农业大学的发展中，生命学科占据特别重要的位置。我国改革开放后不久，从事生物学研究的俞大绂、娄成后、闫隆飞等

生命科学中心正门

前辈师长和时任学校领导就敏锐意识到，生物学不强，学校发展将缺乏底气和后劲。为此，他们推出了一项重要改革：抽调农学、植保、兽医、畜牧、农业气象等系相关专业与教研组，组建一个全新的学院：农业生物学院，这也成为国内高校最早组建成立的生物（生命科学）学院。破天荒的改革，曾引起人们疑问与好奇：新学院的路子对吗？原有院系的部分专业被裁出后又如何发展？但在随后的发展历程中，生命科学院的师生以不断涌现的业绩和贡献做出了回应：生物学科发展具有共生效应，不仅推进了本学科不断进步，同时为涉农学科发展提供了生物学理论的支撑和可靠的生物技术保障。也因如此，当时光进入21世纪，学校迎来跨越式发展的黄金期时，生命科学研究中心建设被列入日程。

　　生命科学研究中心和通常意义上的学院楼有所不同，它不只是一座实体建筑，其中也蕴涵着推动全校生命科学大学科融会的深意。在建设过程中，这一思路得到了非常充分的体现：设计阶段，当时在不同学院和国家重点实验室工作的李季伦、孙其信、武维华、巩

夜幕下的生命科学中心

志忠、彭友良、于嘉林、袁明、孙传清等教授，无论多忙也总会放下手中工作，一次次参与建设方案的修改和完善。考虑到学科研究需求与运行管理便利，他们在后期深化设计中，以同样投身研究的科学严谨的态度，对不同学科的每个实验室与办公室的布局、设备设施的配置和线管电网的安排都一一进行细致推敲。

2008年秋季，这幢凝聚全校智慧，也倾注众多专家心血的崭新楼宇在校园亮相。走入校园西区正门前行到广场，向南可见棕红色的建筑，欧阳中石古朴俊逸的书法提示你——这就是"生命科学研究中心"。中心楼高四层（地面），总面积3.2万平方米，是当时北京地区生命科学研究机构中单体面积最大的楼宇建筑。从高处俯瞰，大楼是由左右对称的两座"L"型板楼与圆形报告厅组合而成。步入大楼，科研区（一段）、学术交流报告和科研混合区（二段）、教学科研混合区（三段）以不同功能进行划分，但彼此间又保持连贯通畅。

漫步楼内，俯仰之间总能感受到一种特有的文化气息，这是建设者和经营者不断积淀"净静和谐"的文化品格。设计者们从校园几十年发展过程中楼宇多样混杂的建筑形态中，确定从多元中寻求和谐共生作为本楼定位；以简洁实用作为设计总思路。建设回归建筑本质，外墙采用舒缓的多层体量增加水平线条，由此产生开放、精致、宁静的视觉效果，内部以中庭、侧庭、前厅、全采光楼梯间等公共空间作为功能区的自然过渡，同时增加室内整洁度和明亮感。使用空间分段设计布局，装饰色调棕色与浅米色结合，着意营造静心科研的研究氛围。楼宇装修选定新中式风格，公共空间依建筑形态和位置布置书法及花鸟、山水等传统艺术作品，将科学精神培养和文化品格浸染融于一楼之内。

而对在这里工作或学习的老师同学来说，中心的便利和舒适很多时候是心中体味、但无暇分身静静享受。在这里你能看到年近九旬的陈文新院士心系根瘤菌事业，耄耋之年仍指导师生，为绿色农业发展殚精竭虑；在这里你能看到大年初一仍在实验室中为青年学生们照顾实验材料的教授，师生共同进行科技攻关的忙碌；在这里你能看到在报告厅中一场场精彩纷呈的讲座，各种观点交融碰撞出的火花点亮探究生命科学前沿的道路；在这里你能看到生命科学研究中心彻夜长明的研究灯光和生院人的身影，记录着生院人的青春与白发，成为每个生院人心中最美好温暖的回忆。

今天的生命科学研究中心常被称作"我国生命科学教学和科研的重要基地"。因为这里汇聚着在美、英、德、法、荷、日、新等国家学成后归来的科研工作者，先后有近百位院士和国家级人才在此从事科学研究与人才培养。生命科学研究中心建成以来，已经培养了六千余名优秀学子，为国家基础科学研究和保障人民生命健康贡献着自己的力量。

当你夜晚走在校园，看到校园南端的那些灯火，其实不过是他们不倦求索的日常，平静里内蕴的是一种朴素而深沉的情怀和精神传承——

或许可以这样理解：正德厚生，生生不息。

（作者：孙德昊）

动科动医大楼

走进农大西区西北门，沿着银杏大道一路向东，穿过大操场，就来到了动科动医大楼。这座建筑位于农业部饲料工业中心以南、国家动物基因研究中心以西，正好处于西区校园轴线转折点上。

动物科学技术学院和动物医学院是学校最早设立的院系之一，是学校的核心院系，前身是北京农业大学畜牧系和兽医系。

由于建院时间早，两院的教学、实验实习和科研用房一直在使用20世纪50年代末的老畜牧楼和兽医楼，而且比较分散。随着学科建设的发展，学院规模不断扩大，科研能力和水平不断提高，两个学院的用房难以满足教学和科研的需要，资源极其紧缺。授课条件

动科动医大楼

也大受影响，当时解剖教研组老师在上解剖学课程时，只能几个人在一个实验台上共用一个实验动物，轮流操作，对培养学生临床实践能力非常不利。多年积累保存下来的解剖和组织胚胎标本大量堆积在简陋的教室内。多数情况下，教师只能把标本抬到教室外的门厅里给学生作讲解，学生只能站着听课。很多老师挤在一起办公，有的教授连办公室也没有，严重影响了教学科研的正常进行。

师生们对新建一座大楼的愿望十分强烈，一所新的大楼呼之欲出。当学校要建动科动医大楼的消息传播开来，两院师生激动的心情可想而知。"终于要梦想成真了！"

2009年4月，动科动医大楼开始动工兴建，历时19个月。2010年11月，当这座极具现代风格和文化氛围的综合性大楼呈现在师生面前，全校无不为之欢欣。大楼地上四层，地下两层，楼高18米，建筑面积39120平方米。大楼地下一层和地上的四层全部为实验室及教学用房。

动科动医大楼与校园总体风貌和谐共生，从上向下俯视，整个建筑呈多边形，外墙面为砖红色，色调稳重、和谐而明快；深色光

远眺动科动医大楼

面花岗岩基座及大面积落地玻璃窗，使整座建筑显得新颖别致充满现代感。

我与大楼的情缘始于2017年，因为有报道任务，我多次来到这座大楼。第一次走进动科动医大楼，我被楼内浓厚的学院精神传承、文化特色和人文气息所深深吸引。

走进动科动医楼的大门，是一个四层的大厅，大厅通过"立体汉字"将传统完美地融合于现代建筑设计中。两侧墙壁使用中国传统的十二生肖汉字以及"狮猫鱼鹰"等传统吉祥动物的汉字来做壁画装饰。走在楼内，你也能惊喜地发现这里处处蕴藏着的动物元素，动物标本、动物雕塑、动物图片、动物模型、动物装饰物……这些用心的设计都体现了两院教学科研特色。

大楼西南侧是动物科学技术学院和草业科学与技术学院，大楼西侧是动物医学院。由于大楼是不规则的多边形，第一次走进这座大楼，可能会有些迷失方向。站在大楼中庭小广场，环顾四周，每一个房间尽收眼底，驻足片刻还能听到实验室各种仪器设备发出的轰鸣声，宛如一首首变奏曲。

动科动医大楼是学校最早开始建设楼宇文化的大楼，它像一本缓缓翻开的书卷，静静诉说着这里发生的故事。

一张张学术大师的照片分别悬挂在两个学院一楼的长廊，每张照片背后都是一个个口耳相传的动人故事，他们饱含为国奉献的深情，呕心沥血，桃李满枝，培养出一批批动科动医栋梁之材；他们意气风发，豪情满怀，以一次次的科研攻关，走在学术最前端，用科技创新铸就辉煌，为祖国"三农"事业发展永不停歇。

为激励莘莘学子，动科动医大楼内矗立着兽医寄生虫学家、兽医教育家、我国现代兽医学奠基人熊大仕教授和著名动物遗传学家、教育家、中国动物数量遗传学科奠基人吴仲贤教授的塑像。在动科学院的四层，为了纪念吴仲贤先生，还设立专区展示当年吴先生珍贵的备课笔记、手稿等。

熊大仕、吴仲贤，他们怀着一腔热血，身负当时世界科技前沿的知识和技术，最终汇聚到北京农业大学一间简陋的实验室、一方育人的讲台，"为新中国的畜牧、兽医事业拓荒斩棘"，共同奠定了我国畜牧、兽医事业的坚实基础。每逢教师节，塑像前总有师生前来送花，表达对先辈们的深深怀念之情。

在多次来这座大楼采访中，我印象最深的一次是专访荣获我校首届"立德树人卓越成就奖"的吴常信院士。吴先生已经85岁高龄，但他每天依旧不紧不慢地骑着自行车从绿苑小区来动科动医大楼上班。那篇报道受到广泛关注，一段采访手记记录着那个上午与吴先生交谈的场景：

采访约定在当天上午9点30分，吴先生提早半小时走进办公室，并提前3分钟来到约定地点。他微笑着和记者打招呼、击肘问好，一下子拉近了彼此间距离。交谈中，这位已经在农大工作和生活了半个多世纪的长者，始终带着亲切的微笑，没有让我们感到紧张和局促。在采访临近结束时，问及吴先生名字的寓意，他解释说，常是always，总是；信是honesty，守信用；连在一起就是总要老老实实，勤勤恳恳，守信。

名如其人，行如其人。先生踏实勤奋的经历如一股清泉流于山涧，润物无声、波澜不惊，在涓涓前行中别有一种儒雅潇洒的气韵和坚韧不拔的追求。与先生零距离接触，无不感受他的魅力所在，深深被他立德树人、默默奉献、教育报国的精神所感动。衷心祝愿先生生命与事业之树常青。

大师们的精神深深影响着一代代新畜牧兽医人，这正是"所谓大学者，非有大楼之谓也，有大师之谓也"。

动医学院一楼的一面墙给本科生留下了展示空间，在这面本科生专业画作展览墙上，一幅幅栩栩如生的动物组织结构画作，让人很难想象这是由一些没有美术功底的学生创作完成的。

动科学院一楼长廊的尽头，楼梯口处有一面T恤文化墙，这是近几年来新生和毕业生的文化衫，文化衫上的图案和Logo都是学生们独一无二的精心设计。多少青年学子从这座大楼毕业走向四面八方，追梦人生，建功立业，一面文化墙记载了他们的美好时光。

说起动人故事，不得不提起这座大楼里诞生的"牛精英计划"。"牛精英计划"创立的初衷是给学生创造与企业接触的机会。这还要追溯到2010年，动科学院教授曹志军在康奈尔大学做访问教授时，接触到一个名为"奶牛人才培养"的项目。该项目除了设有理论课程外，还有牧场实践等课程，鼓励大学生到牧场和公司体验。回国后，他与国家奶牛产业技术体系首席科学家李胜利、国家肉牛产业技术体系首席科学家曹兵海、我校肉牛研究中心主任孟庆翔等专家多次沟通，联合建议学院建立起适合于中国当前奶肉牛形势的教学与实践平台。

2011年，"牛精英计划"正式启动，该计划的指导教师主要由我校从事奶肉牛营养与管理的专家教授团队组成，以大三、大四本科生和研究生为主。针对实际操作问题，"牛精英计划"组织学生到国内外牛场参观学习先进管理方案和实际操作，建立起在读学生与养牛业相关的企事业单位的纽带，培养学生实际动手、发现问题和解决问题的能力。十年磨一剑，"牛精英计划"坚持专业认知、社会认可、情怀认同"三位一体"，走出了现代牛学科一流学科建设和一流人才培养的成功之路，为我国牛产业输送了一批优秀技术和管理人才。

"我愿陪他熬夜，我愿赴他之约，我愿为他尝试挑战自己……因为是'牛精英'给了我一个自由发展的空间，是他让我成为自己想成为的人，是他让我明白了一个道理——热爱是一切成功的关键。"第四任"牛精英计划"学生团队负责人、我校博士生马佳莹曾这样描述她心中的"牛精英"。

在两个学院一楼的角落，都有一面校友照片墙。这面墙上，记录了从1948年至今历届毕业生合影，从黑白到彩色，展示了毕业生风华正茂的面孔，定格了他们在校期间的青葱岁月。每到校友回家时，这里都是大家的"打卡"之处，你是否还能从照片上一眼找到当年的自己？

2018年12月，动物科学技术学院的草业科学系独立出来，成立草业科学与技术学院，大楼里又新增了一个有着悠久历史又朝气蓬勃的学院。如今在大楼前，I LOVE CVM、I LOVE CAST、I LOVE CGST 的标牌格外醒目，三院师生共聚一楼，必将携手奔向新的未来，共创新的辉煌。

一代代老畜牧兽医人，用自己的热血和勤奋不断书写着责任和光荣，也激励着新农大人，用使命和担当砥砺奋进，为学校、为国家和人民继续书写新的灿烂华章。

"山不在高，有仙则名，水不在深，有龙则灵"，而动科动医大楼，不在高，不在大，更重要的是凝聚一种精神，展示一种文化，启发心灵，催人奋进。

（作者：马文哲）

中篇　青春之歌

青春是一簇一簇的花开，

青春是满天璀璨的星光，

文化凝聚力量，梦想在农大社团里飞扬。

青春是一团火，

青春是一首歌，

每一次华丽的尝试，每一次温暖的合作，

倔强与柔软，喜悦与忧伤，

都是青春的成长，

留在校园、留给未来的美好回忆！

我们·挚友·农大

2020年9月，空气里仍然残存着夏季的炎热。我匆匆在挚友社的摊位上贴着招新的海报，忽然听到一句提问："挚友社，是交朋友的社团吗？"我回头，提出问题的人是一个戴着黑框眼镜的男生，脸上洋溢着对校园生活的好奇。"是，也不止于此。"我微笑着递给他一份最新的《挚友报》。

我初遇挚友社，也是初遇农大。敞亮的礼堂里人头攒簇，这些和我一样心情激动的年轻人都为着同一个理由坐在这里：开学典礼。

挚友报

怀揣着对开启农大新生活的期待，我第一次与挚友社相遇了。我带着新奇感翻开了礼堂座位上的《挚友报》，好奇地阅读了起来。即便这个时代，人们越来越习惯于拿着一方小小的手机屏，享受便捷快速、不断更新的讯息，但这张带着怀旧感的报纸还是吸引了我的注意，使我萌发了加入挚友社的想法。

那一年是2018年，是挚友社成立的第三十五周年。初入社团时，我还未能理解"挚友"二字留下背后的深刻情谊，也未曾想我会和它结下如此深的缘分。想要加入挚友社的原因很简单，我心中揣着一份文学梦，一份人文梦。当那一份《挚友报》拿在手中时，我被学姐的一篇文章打动了。"我想要结识这样的朋友，想要在大学里和朋友们讨论文学"，抱着这样的想法，我义无反顾地参加了挚友社的面试。那时正值军训，只有用中午休息的时间来面试。本来信心满满的我匆匆赶到面试场地，看到长长的队伍后开始隐隐担心了起来。好在面试过程非常顺利，我最终成功地成为挚友社文工部的一员。

挚友合影

　　一日挚友，终身挚友。在挚友社，我总能抛下心浮气躁，和其他挚友们畅快地聊着在看什么小说、什么诗歌。为了如何在这个纸媒逐渐转型的时代帮助挚友社获得新的发展方向而出谋划策；为了出一期质量上乘的《挚友报》而努力构思、反复修改；为了社团的纳新工作而奔波宣传，在网络传播方面寻求创新；为了顺利地举办一次征文活动，写草拟选题、安排日程、活动申请书……这些在挚友社的体验帮助了我去认识自己、认识创作。也是在这个过程中，我逐渐意识到，新闻传播方向才是更适合我的一片天地。

犹记得2018年刚入社不久，社团为了帮助新挚友们答疑解惑，请来了07级的总编辑马学玲学姐为大家做了一次交流会，当时被学姐"第25届总编辑、首都高校学生媒体联盟发起人之一、中国新闻网融媒体中心副总监、第二十八届中国新闻奖一等奖获得者"的一系列头衔所震慑到，初入社团的我意识到，在挚友社这样一个历史悠久的社团里，走出过无数优秀的农大人。这样的想法，在我日后接触挚友社的种种工作，了解社团历史后，愈发体会深刻。也是在那场交流会上，我萌发了要转入人发学院的传播学专业，在未来从事新闻行业，成为一个媒体人的想法。虽然高中毕业后阴差阳错进入了不甚熟悉的农大，但幸运的是，这是个自由开放，能够容纳下百花齐放的大舞台。而与挚友社的结缘，更是让我在农大这个大集体中，寻觅到了温馨体己的"挚友"们，得到了关于自身未来规划和展望的指点。挚友社的传承犹如一场跨越时空的马拉松，在一代又一代人的青春奔跑中，将精神的接力棒传递到下一代人的手中。

如何去聊挚友社？仅仅用我在农大的这两年多经历来说，实在是有管中窥豹之嫌。追溯前辈们留下的文迹，那些朝气蓬勃的活力，在岁月的洗刷之后依旧迷人。

1983年4月11日，北京农业机械化学院大礼堂前人头攒动，几名同学正在这里卖报纸。此前，学校十多位充满激情的"文艺青年"发起创立了一个学生社团——挚友文学社，正在叫卖的油印刊物正是文学社的《挚友》。这份学生自己创办的刊物有着明确的定位："为校园生活把脉，反映学生心声。"第二年，《挚友》正式定为双周刊。

从此，这张报纸承载并延续着师兄师姐们的青春激情和挚友精神，在农大校园风行至今。这些油墨报纸仍静默地躺在挚友社一方小小的办公室里，朴实发黄的文字挨着来自新一期《挚友报》的二维码与彩色照片。岁月让纸张发黄，却因几十年来农大学生的活跃而增添新时代的色彩。

"挚友精神是什么？"2003年，挚友社成立二十周年时，挚友人总结为"团结奋进，自强不息，坦荡真诚，博爱无私"。正是在这种精神激励之下，挚友人坚持了30年，历经风风雨雨却旗帜飘扬。

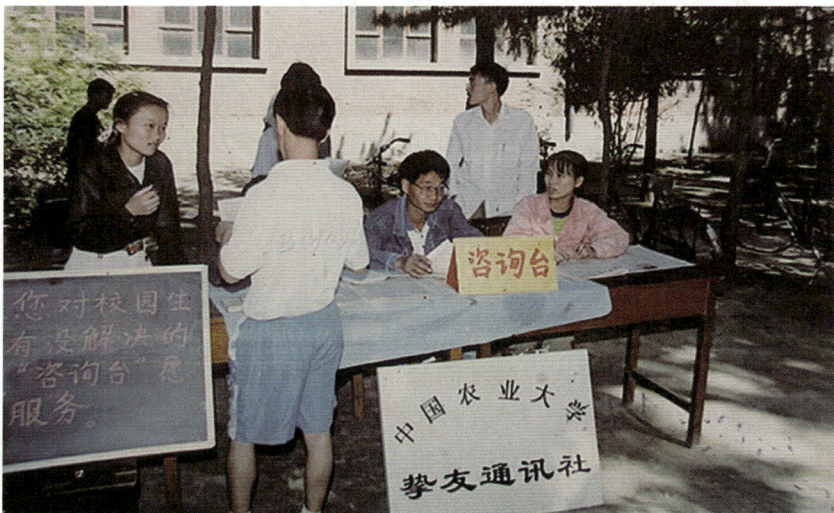

挚友社咨询台志愿服务

2004年4月5日，《挚友报》迎来了第200期。时任北京市顺义区副区长曾繁新与众多"老挚友"专程返校庆祝。"挚友对我们的帮助是超乎寻常的"，曾繁新说："它给了我整个人生与众不同的价值。"今天，曾繁新已是北京市总工会党组书记、副主席，在那次返校的活动中，他也提及"挚友精神"，认为挚友精神更多的是一种文化，给予思想交流与碰撞，并在这过程中促进一种演化，"挚友教会我的远比我在其他地方得到的多。""那是一段激情燃烧的岁月，有了那样的激情，才能成就辉煌的事业"，挚友社第22届社长张星星说，"只有在一起战斗过的战友，才能成为情谊永固的挚友。"

18届的何壮壮在《致挚友社、老挚友及农大的一封信》中总结道："挚友社已经35年了，它早已形成了自己的一种文化，只需要稍加提炼就能总结成挚友精神或者挚友文化。挚友人就是农大人，挚友的故事就是农大的故事，挚友精神就是农大精神的一部分，挚友文化就是农大文化的一部分。""挚友社的定位，应该把思路打开，顺应学校和学生的需求，将自己定位为以宣传农大、建立农大文化自信为目标，以传承发扬挚友文化、农大文化、农业文化、优秀传统文化为己任，立足于学生文化活动和文化自信需要的文化社团。"

今天，挚友人对挚友精神的理解上，更直观地表述为："执子之手，即成挚友。"

除了报纸，一本本"挚友日记"带着沉甸甸的记忆传递着同属于挚友人的情谊，化为承载着挚友人心路历程的厚重史册。五十多本笔记，近十万字，是三十多来无数双挚友的手，点点滴滴记录下来的。挚友日记是一块宁静的土壤，是一代挚友人播下的种子，每一代挚友人，既在播撒着希望，又在汲取着营养。

1991年，"每日新闻"创办，"每日新闻"由校团委主办，挚友社承办，上手抄黑板报形式出版，每日出版一期。这一出就是22年，一出就是3150期。2003级的张星星回忆道："每日新闻的小黑板真的是我们这03、04级挚友最想念的日子。每天晚上10点后的小屋非常热闹，新闻定稿，用线打格，一笔一画写出来，抬出去的时候经常快11点了，冬天风大的时候使劲拉着板子的手都勒得生疼。放在那里还要再看两遍，第二天还会挤在那看一眼，看周围的人对消息的议论是一种享受。"历史的车轮不断前进，时代的发展变化不可估计，而不变的是，脚踏实地前进着的人们，坚毅地克服着困难。

小黑板上的新闻，写着写着，写出了一条职业的道路。97级挚友王义峰正式加入挚友社，最初分配到新闻部。王义峰和陈云、高同岗两位挚友搭档负责采编每周三的《每日新闻》。那时候的《每日新闻》还处于抄黑板报的1.0版本。"周三组"很团结，责任心强，他们编辑的《每日新闻》经常受到表扬。王义峰感慨，人生在冥冥之中早有定数。也许从踏进挚友社的那一刻起，就注定了他和传媒行业结下不解之缘。读大三的时候，王义峰从人大新闻系的同学那里借来教材自学新闻专业课程，给小挚友们做培训，讲自学的新闻写作、报纸编辑。毕业后他在报社作记者，后来又去了企业，到北京电视台工作之前，他在华谊兄弟传媒股份有限公司。在社会上绕了一大圈，现在干的还传媒行业的工作。跟随着王义峰的脚步，01级高杨、07级的马学玲等人都走上了职业记者的道路。在和如今的小挚友们谈起这段经历时，他鼓励我们勇敢追梦，不要囿于专业学习的限制，应尽量发挥自身的优势。

这块陪伴中国农业大学14年之久的小黑板，被珍藏入校史册。如今是互联网时代，信息迅捷，又常常如海一般将人们湮灭，使人迷失在无数碎片中。而曾经的《每日新闻》，在新闻唾手可得的今天看起来，也许是平凡的。但它创造的历史意义，是农大的一道记忆中的风景，一种文化的象征。

挚友人用纸张中涓涓流动的文字，诉说着绵延不绝的故事。生于1983年的挚友社，走过了它的十周年、二十周年、三十周年……岁月的滚轮一圈圈前进，挚友人也不断成长起来，不断雕刻下属于挚友社的年轮。第11届总编辑、91级的空桐回忆道："刚入学的时候，大学里很少有同学搞经济活动。可是1992年之后，学校里就如雨后春笋般，出现了许多经商的同学。有卖磁带、食品、文具、衣物的。还有一个同学自己买了高级的音响设备，租给同学们开晚会、舞会时使用。"回忆起那个变革的时代，空桐印象深刻。他当时也是一个思想开放的人。他首创了挚友社在报纸上拉赞助的模式，每次在中缝上刊登广告，一篇能赚50元。说到这里，空桐很是自豪。挚友社记录着的，是年轻人跳动着的心脏，饱含理想的热血，也是时代大步向前的烙印。如今，改革开放的道路已经走过四十余年。但锐意进取、开放包容仍是挚友人的形式作风。互联网风行的今天，博客、微博、公众号、电子刊……各式各样的内容改革发生在挚友社，帮助农大的青年人们更好地抒发内心的所思所想。

94级老社长吕名礼入社时，挚友社刚刚走过前10个年头，在挚友社举办的面向入学新生的"九月风"征文活动中，他的作品得到了北大中文系出身的指导老师徐晓村的青睐。他在《我的农大故事》中写道，进入了传奇般的挚友社，进入了一个改变自己人生的学生社团。用当年《大学生》杂志社专访挚友社时的原话来说"吕名礼从一个一说话就脸红的小伙子，入社半年就锻炼得变了模样……"这一点，太多挚友人深有体会。在挚友社，我从爱好文学且不善言辞到主持起社团例会毫不马虎、和众多社员打成一片，正是因为在无数次沟通、协助活动中，使我获得了自信与勇气。

疫情期间，无法回到校园里的挚友社办公室，和那些记忆中的挚友痕迹面对面接触。于是只能通过线上的渠道，寻觅、翻看着过去的老照片。镜头记录着挚友人、农大人稚嫩又洋溢着朝气的面庞。这个在中国农业大学挚友社旗帜前，穿着挚友社文化衫，拍着手大笑着的年轻女孩；这张写满签名的挚友社二十周年纪念板；这个在礼堂里穿着一身西装，表情严肃地拿着一张演讲稿的年轻男孩，等等。这一张张相片里存储着的是挚友人的，也是农大人的青春。今日的他们，或许子女都已到了上大学的年龄，或许早已以"农大人""挚友人"的身份，在社会中闯出了一片新天地。譬如，前文提到的94级社长吕名礼同样在文中提到，因为农大，他进入了大农业领域。因为挚友社的历练和积累，毕业求职时才有了一大摞简历材料，才有了被素不相识的李明如老师面试后推荐到上海的机缘，才有了自己创建的企业。

时间在变，社团活动的形式在变，不变的是正值青年的我们，依然相信凝聚在一起的力量，不变的是社团活动仍然在丰富着校园文化，成为大学校园里一道道靓丽的风景线。学生社团活动的美好回忆，会永远地留在我们最柔软丰富的那一片心田里。我们，挚友，农大。一个又一个青春鲜活的我们，因为农大，聚拢到一起，成为"挚友"。挚友社强大的包容力，在农大这片生生不息的土地上，滋养着一代又一代的有志青年。

（作者：高凡）

大学生记者团的那些温暖记忆

记不得从什么时候开始，大学生记者团办公室内的木桌上常年会摆着几本日记本，来往的同学不时在上面写上几笔已经成为习惯，有值班日志，有随性感想，甚至还有吐槽抱怨。随手翻开一本，却发现纸张已经在常年翻阅中变得微黄。浮于纸上的油墨香伴随着从窗缝挤进的微风在屋内回旋，像是一脉时间的长河，勾起我们关于大学生记者团的点滴回忆，诉说那些无声胜有声的过往……

我和那群孩子

记者团指导老师潘彩清和学生在一起

最近的好消息特别多。一个多月前，过去记者团的老团长生孩子了。这个毛头小子如今升级当了爹，我也有了一种当奶奶的得意。以前是陆陆续续收到孩子们婚礼的请柬，今天是一个老团员打电话告诉我买房了，距离学校也不太远。

当年记者团的那群孩子们，如今个个都让我自豪。我时常接到他们的电话，他们也时常来看我，在家里点我做的几个菜，就像过去他们在学校当学生记者时一样。他们管我叫"潘妈"，也不知道这个称呼当时是怎么来的，反正叫着叫着就叫开了。闺女慢慢发现，她凭空多出来好些个哥哥姐姐，觉得特别高兴。我也很高兴，也很温暖、幸福。担任记者团的指导老师也就几年的时间，我觉得自己的感情世界因此而格外充实。

说起来也是15年以前的事情了。

15年前的那群孩子从全国各地来到农大，北京的大舞台给了他们一个精彩的世界，却敌不过远离父母的伤感和孤寂。他们把记者团当成一个家，团结、勇敢，彼此依恋，互相学习，共同进步。有了什么烦心事、小秘密，他们都爱跟我说，也许他们觉得我没有老师的威严？也许他们觉得我有知心姐姐的魔力？我总是尽可能地帮助他们，给他们一些笑对人生、乐观处事的建议。我自诩还有两下手艺，便常常邀请他们来家里做客。一来二去的，团里的孩子都知道"潘妈做饭好吃"，便隔三岔五地找我打牙祭。

有一年正月十五，学校开学在即，孩子们从老家回来，一时还没从春节的慵懒和家庭的温馨中回过味儿来。那天晚上，我请了几个孩子来家里玩儿，大家吃完饭后，一起出门看烟花，热热闹闹过了一个正月十五。圆月下，烟火中，我觉得自己特别幸福，他们没有因为远离家乡而伤感，他们在潘妈这里找到了家的感觉。那一年的暑期社会实践活动中，第一次安排记者团的学生随行，为的是及时报道实践活动情况。出发前一天，我把他们叫到记者团的办公室，叮咛嘱咐自然少不了，最重要的是把我亲手包的饺子拿给他们吃。临行前的平安饺子（北方习俗"上车饺子下车面"），不为别的，就为出门在外的儿女能一路平安，一切顺利，好让潘妈放心。

如今他们大都很让我放心，成家、立业、孕育下一代。经常在电话里，他们报告着自己的各种好消息。也曾经，他们把尚未"过门"的"另一半"带到我家里来，说要让我把关后再确定。可是真心的，就像一个看女婿百般好的丈母娘，我总是觉得这"另一半"就和那群孩子一样好。他们的成长让我觉得自己真是老了；但同时，和他们一起成长也让我觉得自己始终年轻。

总有人问我是如何管理记者团的，总有人让我介绍介绍管理记者团的经验。我总觉得，这里并没有什么管理之道，因为他们足以优秀，因为他们都在以自己的方式成长，而现在也确实成为农大的一张张名片。这其实仅仅是我对孩子们的一份感情。我给了他们一种家的感觉，而记者团给了我一群可爱的孩子。

（作者：记者团指导教师潘彩清）

农大传承的精神里有你的心血

记者团指导老师曲越和学生在一起

　　20年前，偶然的机会，加入大学生记者团，在桂银生、郑培爱等老师手把手地指导下开始学习新闻采编，从此改变了我的人生轨迹。几年大学生记者的经历，让我深深感受到，这个平台给予自己成长的帮助，远远大于当时自己对校园新闻作出的所谓的"贡献"。后来毕业留校，继续在宣传部从事新闻采编工作，也逐步开始指导大学生记者团。带学生的过程，我和同学们俗称"干活"，"干活"是在为学校新闻宣传工作做贡献，但我更是把"干活"作为大学生记者锻炼成长机会的。

　　在大学期间，能够近距离亲身参与到学校重大事件的台前幕后，触碰到社会毛细血管，从奥运会赛场驻场记者，到社会实践随队记者，采访从院士、市长、教授、校长，到贫困山区的农民，这些都算是大学生记者成长中的营养吧。当年有几件事情我印象比较深：一是2006年4月30日，奥运会场馆还在建设中，时任北京市委书记、北京奥组委主席刘淇，北京市委副书记、市长、北京奥运会组委会执行主席王岐山来校看望慰问奥运场馆建设中的工人们，共度五一劳动节。当时，学校派了两位学生记者近距离现场采访两位北京市最高领导，学生记者落落大方，与市领导边走边聊，圆满完成了官方新闻之外的农大学子与市长书记的"零距离"对话。另一件事是2007年袁隆平院士到农大参加一次活动，活动在国际会议中心举行，我带着学生记者张思瑶前去采访，在电梯厅偶遇袁院士，张思瑶同学便壮起胆子与袁院士聊起家常，还在活动现场协助媒体记者完成了《袁隆平事迹又一次在高校引起热烈反响》稿件的采写，并在《光明日报》署名发表，这次采访对张思瑶激励非常大，多年后我把当时给她和袁院士拍的合影照片发给她，她还是那么激动。

　　学生记者也不是天天能见到大人物，还要给大家创造机会与社会接触，尤其是农业大学的学生，要与农民"零距离"。大学每年暑假都会有大批学生组队参加"三下乡"社会实践活动，能写会拍的大学生记者就成了"香饽饽"，当年团委希望给重点实践小分队每队都配备一名大学生记者，而记者人数无法满足时，就邀请我和同事去给小分队的宣传员培训。他们远到西藏，近在京郊，采写稿件，拍摄照片，可以说是经受了身体和精神的双重洗礼。

还记得，2005年他们走进人民大会堂，参与百年校庆的现场采访拍摄；2008年奥运会期间，多位优秀学生记者随队入驻奥运体育馆摔跤馆，采访奥运会台前幕后的故事和人物，协助新闻经理采写、运营团队内部的"场馆通讯"，记录农大校园里这段高光历史。

能记起的农大经历过的大小事中，都有学生记者的身影。他们秉承着"好新闻是跑出来的"的精神，经历并记录着农大历史细节，他们本身也是农大历史和农大精神的载体单元。

（作者：记者团指导老师曲越）

"很燃"的彩色青春

大学生记者团在运动会上合影

与"稼穑青年"的故事，在我们的花样年华。

阳光、多彩、奔跑、新意、潮流、高效……是那段"很燃"的彩色青春的代名词，一群人因为对传媒的热爱聚在一起，敢想敢做、敢拼敢冲，对内容、构图、写作、排版有说不完的想法，对于将想法变成作品有用不完的精力，"小月河：消失的回忆""时光｜鹏程万里店，记忆中的温暖""亮出 CAU 的天际线""我和新图书馆有个约定"都是我们的限定校园印记，也是与同学交流的爆款话题。

归属感，是记者团留下的特殊情感，从记者团"毕业的稼穑人"总会在不自觉中多了一份亲近感。曾在许多会议上见到过很多"老稼穑人"（校友），尽管他们离开了学校在各自岗位上发光发热，但一提起"记者团"，无论年龄差距多少，大家总是有说不完的话题，每个人也密切关注着记者团发展。

运动会，是记者团最特别的"团建"，整两天的时间都奋战在操场，在小而温馨的记者团办公室休息时，让"团魂"得到进一步提升，而当天出图出稿也让大家强化了纪律意识。小记者中的很多人同时也是运动员，当他们上场时宛若"巨星"，伙伴们总会把最响亮的加油喝彩变成咔咔不断的快门声。

星期三，是记者团每周很重要的日子，定期的选题会让年轻的思想得到碰撞，让友谊在探求新闻热点中更加深厚，定期的专题"周三映像"也记录着每个人生活的点点滴滴。有一条印象很深的评价，"夜幕低垂，总是有些感触，寥寥几笔，留住当下的感受。'周三映像'里以生活中的照片为主体，每张照片配上一段简短的文字，内容透着生活的烟火气，有短暂的一瞬间，自己被这有温度的内容触动了，那是生活另一面的美，是我容易忽视的存在。"

记者团，留下了无数"很燃""很赞""很酷"的彩色青春回忆。

我与记者团的伙伴们，是师生，更是朋友；是我见证你更好，更是你陪伴我长大；是无数个日夜键盘的敲击声、选片的精益求精，更是丰富活跃的思想交织而出的火花；是操场上纵情奔跑追随光影的脚步、会议室里留下精彩时的轻手轻脚，更是一帧帧画面留下的厚重情谊。

（作者：记者团指导老师郝琦伟）

渺小个体也能迸发强大力量

大学生记者团合影

我于大学的第一个学期正式加入校记者团，也许我伴随记者团成长的这三年与它之前的三十年相比微不足道，但作为个体，也是独一无二、弥足珍贵的。

2020年是颇为不平静的一年，突如其来的新冠疫情席卷全国，我们也没能如约重逢在农大色彩斑斓的春日里。在全国抗疫阻击战如火如荼的关头，散落在全国各地属于记者团的"小小星球"，也依旧在努力地发光发热。作为大学生记者，我们也在用自己的方式诠释着"铁肩担道义"的内涵。

渺小的个体也能迸发出强大的力量，我们把来自全校师生的抗疫创意作品汇总制作成抗疫海报，让涓涓细流汇聚成湖泊川泽。

　　时间赋予这些善意"永恒"的期限，我们连续三个月推出《战"疫"日签》，凝聚力量为武汉加油，收获了超过十万的浏览量。

　　思想的碰撞让每个灵魂不再孤独，我们积极策划了"你农我农，祈福华农"全国农林高校接力祝福活动，全国三十家农林高校的诗歌、海报、短视频纷沓而至，不仅获得了广泛的关注，更得到了现代教育报、光明微教育等媒体的转载。

　　我们终于在北京的秋日里与新朋旧友相遇。在重新起航的日子里，我也寻找到了记者团全新的意义。

　　在记者团，对学者的深度访谈，在毕业典礼上记录下每个笑脸，夜阑人静时制作出属于自己的第一张海报，或是为团里的事务与各方沟通……每次重要稿件推出前，我们的审稿群总是到深夜也未眠，文字部仍在反复琢磨每一句话，摄影部仍在细致地选图与修图，而新媒体部也在思忖平衡与美感……这些无声的付出，在换来广泛关注的同时，也得到了"学习强国"等平台的认可和转载。

　　我们都是思想客。在碎片化的时代，我们依旧保持着独立思考的习惯，不论是一期一会的"周三映像"还是"双十一"狂欢后的冷静思考。我们严肃认真，同时也充满温度和深度。

　　或许数十年后盘点这些关于记者团的记忆也会莞尔一笑，此去经年，依旧在期待那一句："我们已经等你好久了。"

（作者：2020—2021学年记者团团长郭荷昕）

电视台的那人那事

（一）

在即将毕业的时候，回忆起本科生活的点滴。我想电视台的经历是除了繁忙的学业外最难忘的回忆。

电视台的学生记者采访后留影

将我与电视台紧密联系起来的是细致入微指导工作的老师。记得刚进入电视台时，我最先接触到的是史有国老师，一位将要退休的"老将"。在完成我的第一份剪辑作品后，我有幸和史老师有了第一次对话。史老师针对我的作品给出了很犀利的点评。例如，哪里运镜有问题，哪里渲染比较突兀，哪里可以改进一些，甚至连如何在 PR 中操作出理想的效果，史老师都一一演示给了我看。我记得他说了这样一句话："你得琢磨，去试试这些没用过的功能。"实话说，那份作品我确实剪得不好，只是拼拼凑凑的应付了差事，却从没有静下心来好好的了解 PR 这个软件到底可以做些什么。后来的每一个作品，我都会拿给史老师过目。因为他总能提一些切实帮助我提高拍摄剪辑水平的建议，这让我受益匪浅。当然，史老师对待台里的每一个同学都是如此，大家有什么问题都会去找史老师请教。史老师，摄影机坏了怎么办？史老师，录音乐节应该怎么加机位？甚至连 U 盘忘记带都会找史老师借。史老师更像电视台的一位大家长。

我总会感叹，是电视台让我有机会认识了一群一起扛着摄影机披星戴月的战友！与电视台的同学们一起完成的拍摄任务真的数不过来。其中最最难忘的是发布在哔哩哔哩的农大月饼特辑。从策划到拍摄再到剪辑发布历时半个月。月饼特辑真的是集大家的心血磨出来的作品。我们选择了介绍测评的形式。为了凑齐每一个口味的月饼展示出来，我们连着在食堂排了三天队买月饼。台里的同学还从自己的室友手里搜刮到了一些早已售罄的月饼。我们还央求了台里的老师贡献稀有口味的月饼。拍摄测评的那天耗时六个小时，这是首次拍食物测评，大家都是摸着石头过河。经过反反复复地拍摄，查看再拍摄，直到大家觉得都满意为止。尽管那天过了午夜大家才收工，但每个人都是发自内心的满足。这三年，电视台将这样一群有同样兴趣爱好的同学们凑到了一起，给了我和伙伴们一起创作，一起实现愿望的机会。大家各有所长，身怀绝技，在每一个作品中承担着不同的角色。

见证了三年的开学典礼和毕业典礼，我终于要成为被拍摄的毕业生了。记得第一次拍摄毕业典礼时，我完全不能理解学姐学长的复杂情感，只觉得他们应该是高兴的，要开始新的人生阶段了。所以第一次的毕业典礼拍摄我选择了主机位，一个并不需要那么全神贯注关注"人"的位置。调整好机器后，我盯着屏幕一直在发呆。当时觉得毕业典礼真没劲，只是走形式的仪式罢了。随着我离开学校的时间越来越近，我越来越感同身受毕业生的离愁，这使我更加珍惜每一次参与毕业典礼拍摄的机会。在后来毕业典礼中，我总是选择游机位。因为扛着机器满场跑的我可以尽情地观察拍摄每一个人的表情，用手中的摄影机记录下每一个身着学士服的学子对母校的眷恋。

今年，希望我的身影与我对电视台的不舍可以成为电视台学弟学妹的素材！聚散匆匆，此恨年年有。唯愿每一位学子都可以在短暂的大学时光里体验意义非凡的社团生活。

（作者：许晨）

（二）

在毕业半年后，借此机会回顾自己在学校电视台的点滴，这段经历贯穿我的本科四年，这四年也是我和电视台共同成长的四年。

每年刚入学，校园里总会有扛着摄像机的新生，出现在校园的各个角落，在电视台待过的前辈总是会心一笑，这是刚进台的同学在练习"拍秋景"。不知具体何时开始的传统，拍秋景已经成为电视台萌新的必备项目，这是拍摄、剪辑的启蒙，更是探索农大校园的开始。古老的水塔，秋叶缠绕，主楼一侧的银杏在风中摇曳，簌簌落下，被定格在镜头里，也成为每一个农大人回忆母校时的经典画面；经管楼前的草坪，是我大一时独自扛着摄像机，寻找秋色的地方，也成为我之后带领学弟学妹练习拍摄，锻炼手持的稳定性和区分不同景别的场所。

在我进台不久，恰逢农大110周年校庆，有幸跟着前辈见证了一场晚会的统筹、布置、拍摄，并试着开始练习后期剪辑。晚会开始前几天，前辈们就开始讨论分工、流程等具体事宜，当天大家又搬又扛，带着设备布置场地，等到结束，人员散去，我们才披着星光走回计网中心（电视台办公室所在地——编者注）。初次经历这些的我，心里又是紧张又是壮阔，后来这成为我大学生活里非常熟悉的情境。大家回到台里，分工领取剪辑任务，我和同伴负责歌舞类节目《化蝶》。剪片室的大会议桌，二三成群的小组，戴着耳机、盯着屏幕，一起剪片到深夜，等到走出计网中心，校园里一片寂静，而我们，能够独享这份来自好几个小时视音轨道轰炸后的宁静。梁祝的背景音乐连续播放了几天，直至成片上交，我的脑海里仍在萦绕。初次体会到剪辑工作的辛劳，不厌其烦地修改、审核，剪辑软件的罢工，电脑桌面上散落着好多个"终极版本""终极版不再修改"等，但也为将不同机位画面经过合理剪切后呈现的视觉效果而感到兴奋和满足，并为熬过的夜感到安慰甚至豪迈。

迎新、校庆、运动会、元旦晚会、毕业典礼……一年一轮回，逐渐地，我也从新人成长为部长、团长，从跟在学长学姐后面问东问西的小孩成为指导学弟学妹、统筹台里工作的"老人"，从刚开始安排机位的不熟练到轻车熟路，能够自如应对突发状况。第一次使用摄像机、第一次拍摄 MV 和微电影、第一次采访、第一次导毕业典礼……太多第一次的回忆留在了电视台，每一次新的尝试都是自己的成长，同时也在这四年里见证了电视台的成长，平台从官网、微信公众号拓展至抖音，也进行了内部栏目的调整、改革，有了更多样的宣传渠道和更规范的章程。

大学四年，拍了三年毕业典礼，透过镜头看到学位帽抛向天空的画面，仍然深刻地印在我的脑海，而一转眼，我也毕业。尽管因为疫情，无法真正站在奥运场馆，再来拍一场典礼，但这些回忆的片段，串起了我在农大的四年，当我写下这些文字，参与拍摄的激动忙碌、剪辑室里的讨论、工作之余的欢声笑语，相继浮现，连同那些未说出的话和未尽的事，一并成为我对电视台的归属和对母校的深深怀念。

（作者：段泽丽）

（三）

2015年9月，踏入了大学校园，想想竟然已经过去了五年半的时间，那个夏天仿佛还在眼前。曾憧憬过无数次的大学生活，应该是丰富多彩的，高中时忙于学习，从未参加过任何社团，大学对我来说，第一项任务就是找到一群志同道合的社团伙伴。还记得第一次看到电视台几个字，是每日早课路过排球场时，都会远远望到的宣传海报。与形形色色的社团不同，电视台海报上那些专业术语、设备、栏目深深吸引了我。

那时新媒体刚刚兴起，微电影、短视频开始流行，电视台的出现让我开始思考是否自己也可以成为此类视频的创作者，于是怀着忐忑的心情，我提交了那一份申请书。听说还有笔试，我准备了好久，后来参加时才发现，原来前辈在笔试内考核的更多的是兴趣与创意。顺利通过后，我成功加入了电视台。第一次见面会那天，真的超级紧张，我是国际学院的学生，平时上课也会在计网中心四层，所以对环境非常熟悉，但是其他学院的小伙伴还不清楚计网中心在哪，于是那天我成了第一个到的同学。我站在四楼尽头的铁门旁徘徊了好久，403室的门开了，史老师出来看到了我，"你是新生吗？""嗯嗯，您是电视台老师吗？"于是就这样我和史老师认识啦。老师开门带我进去，我震惊于专业的设备和录音棚、剪辑室的样子。那天晚上，史老师给我们同届的新人讲了一晚关于电视台的故事，带我们的学长学姐向我们介绍了未来的工作，我被划分到了新闻组，主要负责校园新闻拍摄剪辑的工作。自那时起，每周一次的工作任务，每周日晚上的例会便成了我最期待的事情，因为在例会上，学长学姐会给我们做许多视频拍摄、台本文案、媒体剪辑等内容的培训。

在一次又一次的例会上，我的能力逐渐提升，开始自己独立负责部分工作。那一年的元旦晚会上，我第一次有机会掌机拍摄，心

工作中的电视台学生记者

里反复默念几遍开机前的准备工作，我拿起了机器开始拍摄。感受镜头在我的操纵下推进变换，跟随台上舞蹈演员的动作，移动摄像机的位置，那天我第一次感受到，原来在拍摄中创作如此有趣，同样的事物，不同的人有不同的拍摄画面。那次起，我对视频产生了更深的感情，大二下学期，我组织几个电视台的小伙伴，创作并拍摄了一部校园微电影，我将它发到了微博和哔哩哔哩弹幕网，开始尝试着运营新媒体账号，那次开启了我们创作的道路。

后来通过竞选，我成为新闻组的组长，电视台更名为视频中心，台里也重新装修了一下，学校给了我们大力支持，购入更多的设备，甚至有了自己的录播棚和绿幕，这些都更让我坚定与电视台一起走下去的决心。不久后，电视台人员出现了大的变动，因为学业的冲突，团长、副团长还有原来的学长学姐都相继离去。电视台的发展重任担在了我们几个组长的身上。那时我们经历过迷茫，经历过无助，我们几个组长聚在史老师的屋子里，把心里的害怕情绪和史老师吐露出来。还记得史老师拍了我们的肩，说他快退休了，尊重我们的选择，但是他希望在这最后两年内，能带着我们做出点成绩，至少为电视台这十几年的历史画上圆满的句号。当时我们真的很迷茫，但那天谈完后，我觉得身上的担子更重了，电视台就像我的另一个家，史老师像我们的大家长一样，我不忍心这样的事业就沉寂在我们这一届。我和后来的副团长侯俊莹沟通了一下，我们一致决定，无论如何，至少我们两个要留下来陪着史老师继续做下去。

经历过那段岁月，我们彼此变得更加亲近了，每一个留下的朋友都像家人般团结，我们有共同的目标，共同的使命。大三那一年，我们也成长为可以独当一面的学长学姐，我们开始筹划招贤纳新，壮大我们的人员队伍。记得那年夏天，我们顶着烈日发传单，在摊位上努力宣传，那一年，80个新人加入我们的大家庭。看着他们，我们仿佛看到了两年前的自己。我们开始学着原来的学长学姐那样，将自己的所学倾囊相授，我们手把手带着新人们跑新闻，拍摄所有大大小小的晚会，布置每一次的作业，给他们更多可以练习成长的机会。我很开心遇到了许多可爱真诚的小朋友，他们的热情感染了我们，让电视台更加发光发彩。

转眼间便到了换届那一刻，我竞选了团长的职位，我希望能在最后一年能带着学弟学妹们提高成长。那天我们以直播的形式举行了换届选举，在竞选演讲上，我几度哽咽，这是我一直一直热爱的电视台，这是我挥洒热血，陪伴我走过大学四年的地方。在宣布我竞选成功的那一刻，我深深地鞠了一躬，向曾经的每一位学长学姐，向带我的史老师，更向信任我陪伴我的每一个伙伴。

大四那年，作为团长的我，身上肩负更重的责任，我最感谢的就是那时不离不弃的同伴们。毕业前，我们带着学弟学妹们拍摄了法制宣传片，作为最后的作品，我们献上了满意的答卷，学弟学妹们获奖了，我们的任务便达成了，未来是他们的。电视台，是我们每个人心中的白月光。

（作者：丰竹）

岁月之声，青春之歌

——校园记忆之中国农业大学广播台

一座小红楼，一间小房子，见过春天的嫩柳抽条，夏日的蝉鸣连连，秋叶纷纷和白雪皑皑。我迎着东风，沐浴阳光，拾起门前的枯叶片片，掸下袖口的雪花朵朵，推开眼前的那扇门，就是一代一代农大广播人魂牵梦萦的，我们的广播台。

1953年，中国农业大学广播台作为农大的首个社团正式创立。时光荏苒，作为少数没有迁至新图书馆的社团，小红楼承载了广播台太多的记忆。

指尖拂过一张张或是黑白色的，或是五彩斑斓的崭新抑或陈旧的时光流影，似乎触摸到了他们各自的温度。四壁均是风格迥异的手绘涂鸦，一双双手印纹路依然；随着青春气息扑面而来的"永远年轻，永远热泪盈眶"昭示着他们的信条，印在破碎了一角的镜子边的"没有风度，只有态度"似乎勾勒出一个笑对困难的孩子在眼前奔跑，内心悄悄住着崇尚凛然的生活态度……每次步入这里，看到这些陈设，便会不自禁地挂上笑容。屋内离门口不远的一圈圆椅上，是节目组的成员正在讨论节目创意如火如荼。听说闲时似乎那里也经常会有点播歌曲或写下不为人知的心里话的"神秘听众"们悄悄而来，悄悄而去……然后我们轻轻拾起那张写满心意的薄页，慢慢将它朗读，送到这情愫的尽头……

或许你曾听说过中国农大广播台特有的"家文化"。"家"是温暖的代名词，若温暖"浮于表面"却"冻了脚丫"，便无法被称为温暖。可能你也曾生疑这种"文化"在一个由不同院系来自五湖四海的学生组成的小小社团中能够成为风气，是否是一种刻意营造的假象。但是，一旦你踏入这里一步，看上这里一眼，听一段这些成员之间溢着关怀与爱意的对话，就可以被这里朴素、切实、"从头暖到脚"的暖意笼罩。

这里的温暖似乎可以融化一切，这些年轻人仿佛置身一个温馨小家。我不禁开始想象：这面面墙壁曾有多少手臂于其上挥舞；嬉笑时，用于图画的油漆又画花过谁的脸颊，沾湿过谁的鼻尖；这间小房子里，留下过多少老农大人的足迹；他们在这里，又共度过多少被欢笑包围、为理想奋进的日子。68年，广播台的星星之火在一代又一代农大广播人的呵护中传递，历久弥新，愈渐炽热。时至今日，早已燃起了农大广播的希望之原。

漫步农大校园，禁不住随意向四周看一看，那树叶后藏着的，房顶上吊着的，墙壁上抱紧的，都是我们在学校的"喉舌"——"喇叭大人"们。扬声器是广播和大家连接的决定性一环，也是大家了解广播直接有效的途径。扬声器的任何问题都会导致广播的直接停摆，称之为全台的"心脏"也许并不过分。正午清脆的铃声唤醒校园的生机，《行闻天下》栏目接踵而至，每天中午12点迎接书海遨游半日的学子，及时准确地传递给大家最新鲜的新闻资讯。播音员清晰沉稳的声音常常使我扫除一身的疲倦，行走校园也能览遍中外，资讯满满的新闻稿充实着的课余生活轻松而有意义；夜幕降临之时，《热线传情》栏目又将朴实的温暖通过声波传递到过路人的心田。不知不觉转换到节目组的主场。和声音一起畅游异域的《Hi, world》《Starry Night》；讲述年轻人的身边生活，读书、访谈、广播剧样样齐全的《大学时代》《青春之声》；观遍每周精彩赛事，分享绿色健身知识的《遨游体坛》；青烟一缕，书香满堂，带你领略好书好文章的《书香方塘》；贴近热点，玩转时尚的流行先锋聚集地《时尚宣言》；生命不息，观影不止，站在娱乐最前沿的《影音回旋》《影音周刊》；一盏清茗，促膝长谈，颇具现场感的《稼穑会客厅》；释放一周压力，获取美丽心情的周末主咖《周末驿站》《快乐不休假》……
犹记得最喜欢的是冬日里在操场上的那些时光。有时是散步路过，
一阵阵寒风吹来，甚至有时还会下起雨夹雪，将身上的行头尽数打
湿。但只要主播的声音穿破空气、优美的音乐萦绕耳畔，便像是得
到了简单生活对自己学习工作一天的奖赏，获得了无可比拟的慰藉；
又有时，跑步运动的时候，匀速长跑或者短跑冲刺，那些难以坚持
的分分秒秒，急需"救命稻草"说服自己继续奔跑的那些时刻，声
音的魔力便于此时焕发，吸引你的灵魂与之贴近，期待着下一个字
的出现、下一段旋律的舞动，正合运动的血液相得益彰……这总会
吸引我想要探寻——透过扬声器，穿过电波的颤动，去领略那颗在
麦克风后和我同频跳动的心，它藏匿了多少温暖；正如接收到那些
温暖的我，心中泛滥着几多触动……

　　这些在外面摆放的可见的或是陈列在广播台里看不见的设备，
都像是广播人的孩子一般。台里的总控设备像是造血工厂，通过的
传送线如同动脉和静脉，到达的终端设备就酷似毛细血管。任何一
处，缺一不可。广播台这个中枢，每一次的搏动，都会将温暖输送
到校园的每一处、每一个角落。

广播台播音台

任何一个年代的农大广播台人，看着校园里的广播设备们——只是静静地望着他们时便可，就会涌上不一般的感情，这种感觉可能很难分说。看着传来滋滋声响的扬声器和联结它的线路，有时我是不敢出神的。不然，它的前世今生便会如连环画一般在眼前流转不止：68年前，第一位播音员在麦克风前紧张地尝试着最后一次试音。她抿抿嘴唇，用最后一次深呼吸的时间稳定着嗓音。当电波传来，带着岁月斑驳过的声音环绕耳畔——

"您现在收听的是中国农业大学广播台，今天为您当班的是……"

绕过东校区体育场的短边、雕像后、旗杆下、体育馆正门前，一如西校区的旧排球场一般让人回忆连连。这里是一年一度的"语音传情"线下活动举办地。"语音传情"前后的一个月里，全台齐动员，大家一起出力，各司其职，各显神通。同学们围绕在现场的展桌旁，写下新年的祝愿、遥远的思念或是不为人知的爱恋，将他们挂上许愿树。正午，歇在许愿树、许愿绳上的卡片晒着太阳，让上面的每一个笔画都炙热起来；傍晚，他们又躺在柔软的枝叶上，满怀温柔的静静注视着路过的每一个人，仿佛在将他们的愿望尽数实现；深夜，他们被我们摘下，一遍又一遍地默念、录制、广播，让这份祝愿温暖更多的心灵。

你一定有很多想说的话，无处诉说，而我就在这里等你，愿意倾听一切。你的所有，都可以和我倾诉，我会用最温暖的话语，抚平你的思绪。

作为校园重要的有声媒体，广播台承担着传递校园声音的重要任务。广播不是某一群人的专利，而是全体农大人的烙印。广播台的温暖并非是在校园一角孤单地炽热着，而是让它随着声波，把希望与热爱带到每一个收听者的心中。农大校园中不乏喜爱声音，热爱发声的小伙伴，不论是每日的点歌和寄语这种近乎日常的参与，还是语音传情活动中走进主播间亲自说出自己的心绪，抑或"声动心弦"配音大赛和三两小伙伴组队参赛，让全场为之震撼。可能你在一个平常的下午因为一段旋律，一句歌词而被治愈，可能他因为校内新闻的一条活动资讯从此改变了命运，可能她每日在热线传情的陪伴下进入梦乡……广播的力量慢慢积淀，渐渐已经成为所有农大人难以抹去的记忆。也许青葱岁月转瞬即逝，而那回忆里泛着光的，却是旧岁的某年某月，在夹杂着滋滋电波声的广播的那一边，话筒前的陌生人，带给人的感动。

活动结束后合影

与广播打交道久了，只觉得校园处处都是广播台的影子，也不需什么情感的加成。那条通往小红楼的路不远，绕过水院的中以楼，转一个弯，走上几步，到与研究生宿舍比邻的地方就可以停下，视线向那树枝重重荫蔽下的荫凉处投去，那就是我们的"大本营"。

当双足慢慢记住了路线，从而完成了"半自动化导航"的进程时，就会好奇这条路上是否存在着我看不见的足迹。踏出一步，定睛踩下的那个脚印，再抬起时，会怀疑这纹理是否和某位广播人重合过。他或者她当时是迈着怎样的步伐：轻快还是沉稳，焦急抑或缓慢？是否去为设备"急救"而步履匆匆，是否因为要去传递某人隐藏已久的心绪而步履轻快？……

思考无果，便又寻足迹之踪：如果广播人的足迹是有形的，那么一定是从校园的四面八方，如箭矢一般指向小红楼，指向广播台的。或许并不需要谁去组织安排，已经与广播台分别数年的学长学姐，也仍然怀有着对广播台的热情，常常牵挂着广播台，牵挂着这个温暖的家。这份心意是否也有轨迹，如果存在，他们也一定都指向小红楼，指向广播台。因为这份薪火传承，这份期待，我时常感到身后有依靠，每一步都有底气，相信着任何挫折难题都能在大家的帮助下迎刃而解，所有的小伤痕，都能如云销雨霁般愈合，重焕生机。这些足迹，万箭齐发，万里同心。踏在这样的足迹上，新一代农大广播人接过回忆与期待，传递爱意与希望，只愿让我们的莹莹微光能在更多农大人心中一角，继续温暖着。

文稿的每一次改动，都是我们思绪的舞蹈。

声波的每一次颤动，都是我们情愫的传递。

这里是广播台，这里是你我的家。

中国农业大学广播台，永远年轻，永远热泪盈眶。

（作者：王禹丹）

埋在心底的种子

多年以后，当我再度想起青春时光的时候，那些旋律优雅的歌便浮现在了脑海，带动着属于当年的心潮澎湃。

——序言

引子

三十岁的我，在自己的工作室里，双手不停地敲打着键盘。黑夜降临，窗外汽车与人流的声音从此起彼伏渐渐地变成稀稀疏疏，始终在提醒着我下班时间的来临。早就送到的外卖放在办公桌边也未曾开动——早就已经凉了吧。

"社畜"的日常，哪少得了加班作为标签？我喝了口水，润了润干哑的嗓子，哼着脑子里即时浮现的旋律放空一下心情，哪怕这曲子没有任何的规律或者意义。音不成曲，越来越乱，眼前无尽的文档和资料又向我袭来。

一个电话打了过来，是农大合唱团的王怡老师。久违的王老师，什么事呢？电话那头，好听的熟悉声音传来："雪莱，好久不见了，你还好吗？"

我看着桌上冷掉的外卖，轻松地回答道："挺好的，王老师！"

"最近学校想让咱们艺术团的老团员们写一些回忆的文章。我第一个就想到了合唱团的你，不知道你有没有时间？"

脑子里先前杂乱的旋律汇成了熟悉的歌曲，霓虹都市里渺小得仿佛被人遗忘的我突然有了别样的心情。"有时间！"我一口答应了下来。

王老师聊了聊合唱团的近况，早已毕业七年的我仿佛再度置身于农大校园当中，漫步水塔闻花语，细听红楼和声起。眼前的文档、资料了无踪影，我似乎再一次看到十年前初进农大校园的那个少年的自己。

少年的初识

初入大学的我，带着梦想从家乡来到了北京，在迎新学长学姐们的热情中，留下了对农大第一个美好而亲切的印象。在开学典礼上，校长庄严而又不失风趣的致辞则将让少年们心潮澎湃。而最终的升华，则在校歌《金色的希望》旋律响起的那一刻。"戴上我们的校徽，就怀揣一片绿色的向往。走进我们的课堂，就走进田野金色的希望……"大气又美丽的校歌直抵人心，哪怕如今我都还能张口就来，而且时不时能唱得热泪盈眶。

大学生艺术团合唱团在开学典礼上唱校歌

　　而当时教全体新生齐唱校歌的，便是中国农业大学合唱团。在新生开学典礼上唱校歌是合唱团的保留传统。而坐在台下的我，也就暗暗下定决心要进入这个好似高山一样的合唱团！

　　后来，我确实就报名了，经过选拔，我成了合唱团预备队的一员。虽然只是预备队，与正式的表演队团员还有差距。

　　在预备队的一年里，日常的排练是表演队中的精英学长来带领。一大群只有爱好没有基础的新生们却已经有了非同一般的感觉：无论是王怡老师亲自上课辅导声乐基础，还是通过学校影响力及各种资源人脉让大家参与到诸如"艺术人生"等央视节目的录制，都让我这初来北京的大学新生感慨世界原来如此之大，而我也能有幸进入其中！虽然是当个背景板，但也值了！

　　练习、体验、练习、体验，整个的第一年便是在如此的过程中过去，大多数时间是不断重复的排练再排练，就那么几首歌，练得滚瓜烂熟。当我以为这就是合唱团的样子的时候，我发现我还是太年轻了。

起飞的表演队

　　一年过后，在日复一日的排练中已经不知不觉有了些基础的我，通过了堪称严厉的专业考验，终于进入了心心念念的表演队。我以为合唱团也不过如此，并不难入，甚至自己都有些飘飘然。

　　现实给了人当头一瓢冷水。合唱团是个用专业水平说话的团队，而我虽然通过了表演队的门槛，但水平却真算不上啥。在"牛人"聚集的团队里，谁都是高手，高手中还更有高手的存在。如果说预备队的排练是兴趣课的话，那表演队的排练就是上战场了。无论从歌曲的难度、数量还是排练时间，都和预备队是一个天上一个地下。自不用说，我的那种刚满二十岁的"傲气"和"大意"让我在这个获奖无数的团队里吃了不少的"瘪"，甚至一度怀疑自己到底适不适合这个团队。这也连带着让才步入大二的我对未来也感到心灰意冷。

合唱团在教新同学唱校歌

　　王怡老师找到了我，如知心姐姐一般只是听我诉说，并没有发表什么意见。我第一次感到原来面试我进团、再在表演队资格考核时对我的音准唱功百般"挑刺"的这个"冷血"老师，原来内心是很有温度的。王老师只说了一句："希望你能坚持下去。"

　　当我从她办公室走出时，她对我最后微笑点头的样子则暗暗地成了支撑我继续坚持的力量。

　　就像一颗种子。

　　"如同果核必须破裂其心才能见阳光一样，人也应当经受痛苦。"这是黎巴嫩的诗人纪伯伦在《先知》里说的话。果核就是种子，人也许，就是一颗种子。

　　痛苦的历程也是蜕变的历程。在那段自认艰难的岁月里，我自以为"死掉"的心反而能够让我淡定下来了。虽然常常处于痛苦之中，但与大家一起唱出的和声又是那样的美好，带着直抵人心的力量。文艺复兴牧歌的美好、国风古典音乐的天然，日本动画歌曲的童真，古典教堂歌曲的神圣，将我融入一个又一个奇妙瑰丽的文化世界当中。我也不再纠结于自己的差距，更着眼于把眼下和手里的歌曲练得力求精准，不懂之时便虚心求教，曾经傲气踪影全无。那期间，我也得到了团里成员们很大的帮助。我很感激他们在别人身处深渊与黑暗中时，还能鼓起勇气给那人一点人性的温暖微光。

我真正地领悟到排练的意义，一方面是打磨表演内容，一方面就是磨炼心性——直到脑子里不再会有乱七八糟的浮躁的时候，这一个作品才能真正地有了灵魂，才有空间去安放一颗能与人共鸣的炽热的心。

而当我怀着这样的心情，去一个个啃下艰难的音准，对上一个个机巧的节奏之后。一次偶然的机会，排练时大家展示排练的成果，只有我一个人是能全部背谱表演且没有差错的时候。我成了那一下子全团的榜样，大家对我的认可也才终于有了真心。我也才明白王怡老师让我坚持下去的意义——尊重从来都不是别人给的，而是自己去争取来的。

这个道理深埋在我心里多年，即便工作之后，也让我受益匪浅。但谁能想到，在合唱团里没日没夜的排练能给人带来这样的改变呢？

一个优秀的团队，身处里面的人必然都是历经艰难才得以留下，就像之后我看到经典电视剧《士兵突击》里所感受到的一样。我就是那个"三呆子"许三多。

在那之后，我真正地融入了中国农业大学合唱团，成为这个北京高校里十分牛气的合唱团队中被大家认可的一员！

汗水、泪水与欢笑

转眼我也成了"老团员"，也出现在了每年开学典礼教新生唱校歌的舞台上。原来，站在那个舞台上的感觉是那么的自豪和光荣！

虽然已经是身处校园三四年的人了，但依旧可以把校歌唱得热泪盈眶。

而对外之时，合唱团的表演就如上战场一般。我们要去比拼的是诸如北大清华这般超一流的学校。在合唱团里的经历让我明白，出身并不是决定高度的决定因素，水平才是！而水平，是可以通过自己设定的标准、科学而持久的练习去不断提高。人的天花板没幻想中那么高，但也没很多人以为的那么低。

于是，我们早做准备，加紧练习。不仅连续成了北京高校中的"市团"，与北大合唱团并列第一，还在广州、香港等地的国际赛事上荣获金奖。甚至在2014年的央视马年春晚上还登台露脸地参演了一把开场曲！

合唱团演出

这一切的荣誉，是源自团员们放弃了一半寒暑假、不舍昼夜的推敲排练，是源于合唱团负责人王老师及艺术中心的老师们内外忙活和操心的无数个失眠，是源于农大校领导们多次亲自到排练厅问候支持、加油打气的同心。团队的成果出自于每个人，但又不光靠每个人。所有其中的辛酸、误解、协调、克服，统统在结果的胜利上有了最为喜极而泣的着落。

如果说艺术是教育的话，那么针对艺术本身的练习是对个人肌体与各种感受力的训练，但表演艺术的过程则是对个人心性及人生经历的教育了。

就像一颗种子一样。

而这颗种子慢慢发芽，开始长大，乃至开花，四散到了天涯。

正如当年历经辉煌的我们，面临毕业时候的感觉一样。这个让我真正成长的团，总有我说告别的一天。在人前灿烂夺目的表演过后，终究没法逃避的是新团员们对老团员的告别。

夏季的空气弥漫着夜来花香，告别的人们吃着校门外的羊肉烤串，团里的学弟学妹们轮番敬着道别的酒。谁喝高了已经记不清，只记得那夜后来下起了雨。大家一起不由自主地唱起了一起合唱过的歌曲。有些人唱得哈哈大笑，有些人唱得痛哭流涕，那是大家发挥得音准最"飘"的一次，却也是听过的最动人的一曲。醒来了，望着空荡荡的酒瓶，仿佛还留着昨日与往昔的回音。回忆起来，我留下了一首诗的心情：

夜雨天明
久来闷云漫空凝，恍然雷光尽夜青。
水花溅走归人缓，豪雨飞瀑悟禅音。
悲欢离合总无情，点滴相依到天明。

再度播撒的种子

多年以后，当我再度想起青春时光的时候，那些旋律优美的歌便浮现在了脑海，带动着属于当年的心潮澎湃。

而我如今已经毕业七年了，也已经结婚，回到家乡做着自己的

117

事业，历经艰难，却总是乐观。我有一个爱我的老婆，有同样默默支持我、相信我的父母及岳父岳母，有依旧联系着的旧友，也有一起合作的伙伴。无论辛苦还是幸福，人生的过程总归都是一场旅途。而合唱团里曾经的磨炼、以"起码一流到上过央视"的高标准信念，让我做任何事情都具备着无以复加的完美执着。

就像一颗种子一样，破壳的痛苦也化成了噼里啪啦悦耳的音符，在阳光下熠熠生辉，时刻闪动着依旧青春、永远不老的情愫。

继续加班

我深吸一口气，将凉透的外卖放进微波炉加热，大口大口地吃了起来。仿佛为了更多地摄入生命的温度，强烈地渴望活着的生命力喷薄欲出。

伴随着心底尘封已久但依然在响动着的美妙旋律，我也不禁点头一笑。这笑，让我坚信，我也可以带给别人不灭的温度。我也可以成为一颗慢慢成长的树，让生命的暖意滋润更多的荒土。

哪怕加班，也不再觉得苦！

（作者：左雪莱）

阳光总在风雨后

　　车窗外的小雨淅淅沥沥，高架上的车流水泄不通，一群急躁的司机化作一片嘈杂的喇叭声，惹得人好生厌烦。我的思绪又飘回了那个遥远的班：曾经我们一起站123分钟的军姿后在操场上奔跑庆祝，师兄师姐们为我们的突破庆祝，我们也很高兴能坚持这么久。师兄还会在我们每个人的胸口重重捶上一拳，并喊出寄予我们的期望，那个瞬间我至今都觉得热血沸腾。大家虽然腿很疼很累了，但是拍打得很开心，笑得也很开心。那种作为一个集体去突破去创造的感觉，兄弟姐妹们的相互支持陪伴，结束后大家一起合照一起笑，

国旗班

多么美好啊！

　　忘了说，我，是有着29年历史农大国旗班中千余名"战士"中平凡的一个。回首来时路，往事历在目。

校园升旗手

　　国旗班是"农大第一班"。1992年，为了加强学校的爱国主义教育，增强学生的国旗意识，并在其中间掀起一股"爱我国旗，振兴中华"的爱国主义思潮；同时深入开展军民共建活动，学校决定组建国旗班（西区）。在校团委老师们的直接关心和指导和校学生会的帮助下，学校首届国旗班宣布成立。成立至今，每一届的国旗班成员都尽自己最大的努力践行、坚守与传承着"传承数载钢铁志，成就世代战友情；雷厉风行夺分秒，精忠报国爱五星"的班训。每一位国旗班成员都有着自己的一段国旗班往事，都有着自己的一段心路历程，我也不例外。

　　刚入大学，少年懵懂无知。军训的时候，我被国旗班师兄师姐的飒爽英姿所深深吸引，辅导员也极力推荐我加入国旗班，加上之前看到过一篇推送，说国旗班的人都很优秀，抱着"和优秀的人在一起，我也会变成优秀的人"的想法，我带着对国旗班的好奇填写了报名表，加入了国旗班。

军姿队列队形是国旗班最基础的一项训练任务，国旗班的每一位队员都在军姿队列队形的训练过程中体会到了国旗班那种坚韧的品质，除了军姿之外国旗班队员还要承担繁重的体能任务，虽说很艰苦，但这些都成了我大学生涯中最难忘的记忆。

太阳为墨绿色的军装镀上了一层金黄色，我与战友们在操场上显得"熠熠生辉"。

国旗班同学日常训练

烈日、骄阳、军姿，在这里，最大的敌人，是坚持。虽然从小自诩体能不错，但面对这似火的骄阳，我还是不禁打了个寒战。

"下面，听我复述军姿要领，身体可做微调：两脚跟靠拢并齐，两脚尖向外分开约60度；两腿伸直，膝盖夹紧，稍向后压；上体保持正直，两臂自然下垂，伸直夹于体侧；五指并拢，拇指紧贴食指的第二关节处，中指紧贴裤缝线；头要正，颈要直，口要闭，两眼平视正前方，目光稍向上。所有人——前倾！"

听着这一套熟悉的口令，身体似是有记忆般地做着动作，心中暗喜："最后一关了！"可不久，汗水便顺着鼻翼缓缓流下，流到唇间，流到嘴中。好痒！真想伸手挠一挠啊！"不行，咬咬牙，坚持一下，再坚持一下，你一定可以的！"一阵微风拂过，那道干涸的汗便更痒了。我张了张肩，挺了挺身子，依旧笔直地站在那里……

烈日的炙烤，射穿的是封印无限激情的冰河世纪；雨水的冲刷，洗去的是随性纵情的无尽不羁；汗水的洗礼，留下的是雷打不动的钢铁般的意志。时至今日，回想起那段时光，是一段多么青涩的年华啊！

本以为为期12天的选拔训练之后我就会成为一名正式的国旗班队员，但未曾想到的是，前面还有部队的封闭训练和学校的集训在等着我。

在军营当中，我才意识到，原来选拔训练不过是一道开胃小菜罢了，此时的烈日下、军营中，才是真正的"饕餮盛宴"。早上6点到晚上10点，我的耳边只充斥着哨声、口号声、口令声。一天训练下来，衣服湿透，浑身酸痛，可是战友们都在咬着牙坚持，我也不能落后！国旗班的样子，正是通过这样的捶打才能得来的，选择了国旗班，就不能怕这份苦！

如果说在国旗班的一年里完全没有产生过离开的想法是不可能的。对于我以及战友们这些打小娇生惯养的"白面书生"而言，在部队的那15天，说是人间炼狱也不足为过。每天都是让人身心俱疲的队列体能训练，晚上还有不定期的紧急集合，唯有训练后的西瓜和战友们的欢笑才能缓解疲惫。连续不断的训练使我脚掌的旧伤复发，站军姿时我的脚底一直隐隐作痛。有的时候战友们在站军姿，而我只能被罚做俯卧撑。强忍了两天后我终于坚持不住了，清晨一开训便打了报告，一个人坐在角落里发呆。

我感觉自己坚持不下去了。

那天晚上，军营里很安静，星空很明朗，我的心也格外的平静。

师兄把我叫出去谈话，他没有说让我再坚持坚持之类的客套话，而是将他在国旗班这一年的忙碌娓娓道来。最后留下了八个字——"欲戴王冠，必承其重"。一番谈心之后，我默默下定决心，下次坚持不住的时候就咬咬牙再坚持一下，想想师兄师姐也都是这么过来的。心态真的很重要，后来再遇到困难，一咬牙一跺脚我也就这么过来了。

在经历了严苛的训练之后，我的身上终于也有了国旗班人该有的样子。国旗班最重要的任务，就是升降国旗，包括日常校内的升降旗、重大活动的升降旗等。在大型活动时，比如校运动会、北京市升旗比赛，都会有很多人瞻仰国旗，观摩国旗班风采。为了圆满完成每一次的升旗任务，都需要我们平时加倍努力地训练。即使是面对沙尘暴，师兄师姐们也会坚定地站在我们的身边，战友们则与我站成一线，以凡人之躯，骄傲地去将国旗升起。"不练旗，不升旗""不练好，不带回"是国旗班的准则，我们也在一年的服役期里秉承这一准则。

于是，我在国旗班有了很多难忘的经历。比如有一次下大雪了，即使训练很艰难，我们还是在训练之后，约上三五个战友，偷偷溜进操场。那天操场的雪特别厚，特别白，我们就在里面尽情地打雪仗，作为一个南方孩子，那是我第一次打雪仗，很开心，那种在雪地里翻滚的感觉仍能化作暖流，流入我的心间。

有意义的事也数不胜数。每一次晚上练旗都会有新的段子诞生，每一次合训都像是年终聚会，每一次过生日都会有人泪流满面或是奶油满面。我作为后勤班长，经常带着战友们出去"游山玩水"，实则徒步拉练。一次，我突发奇想把过生日和爬山结合在了一起，把整座百望山变成了定向赛的场地，目标就是找到当月生日战友的小礼物。经过这次定向赛（实际上是跑山路），战友们的情谊更升了一层。美中不足的是，有些小礼物似乎永远藏在了百望山的密林草丛之中，可是我们的青春记忆也会永远被大山所珍藏，不会消失。

也记得大二的秋季学期，我热衷于学生活动，对学习很不上心，战友们就会带着我一起学习。临近期末的时候，我经常晚上熬夜加班白天睡懒觉，我的男战友就会到宿舍把我从床上"薅"起来，带我去图书馆学习；女战友则会帮我把手机阶段性没收，让我得以更加专心地复习。那些时候，我会觉得除了训练、出任务，在生活和学习中还有这样一群人，可以保护你、帮助你，这让我找到了归属感，找到了家的感觉。

国旗班的一年时光飞逝，眨眼之间我就面临退役。在退役之前，我和战友们做的最后一件事情，就是把国旗班的精神传递下去，把国旗交给下一届的师弟师妹们。我们一起做了招新的视频与公告，去到师弟师妹中宣讲国旗班，当他们报名后，带着师弟师妹们进行选拔训练。从他们的训练当中，我仿佛看到了当初的自己……

在国旗班最大的收获，就是结交到了来自全国各地的朋友。多年之后重聚，我们仍然像兄弟姐妹一样亲，并且去全国各地旅游都不怕没导游没住处。

我一直特别相信一句话——一个人永远都活不出自己的经历。这么多年走下来遇到了很多困难，但在国旗班的这段经历给了我很多的力量，支撑着我一直走下去。

当时的我们虽然只有在国旗班一年的时光，但是国旗班是大学里最好的收获，无论如何都忘不了国旗班，也忘不了国旗班的兄弟姐妹。

国旗班锤炼了我们，激励了我们，成就了我们。

一年的服役，带给人的影响是持久的——

"在我的印象中，国旗班是一个凝聚力非常强，给人以归属感的集体，我想在这个集体中找到自己的位置。在这里能够找到志同道合的战友，一起做难忘的事，经历难忘的日子。事实证明，国旗班没有让我失望。"

"服役期间，有时在训练中跟不上战友的脚步，拖大家的后腿。这种感觉并不好受，令人感到非常煎熬与愧疚。一个人可以跑得很快，但是只有一群人才能跑得更远。国旗班秉持着'不抛弃，不放弃'的理念，不抛弃战友，不放弃自己。在这种理念下，我们作为一个集体，一起共同成长，和战友们一起做的每一件事都让人难忘。"

"在国旗班，最令我感动的是战友间无条件的信任与关爱，以及共同奔赴目标的凝聚力。君子和而不同，国旗班的包容性也是我感受颇深的地方。它可以把我们聚集起来向同一目标冲击，也可以容许不同的可能性，兼顾集体与个人。战友的情谊是不可能忘却与舍弃的，战友的情谊让我的内心充满了平和且坚定的勇气。"

"我认识和突破了自己的极限，做到了从前没能做过的事。提升了自信心和自我效能感。对于没有做过甚至没有想过的事，至少也敢于去尝试。也让我能够更加勇敢地直面困难与挫折。"

翻看战友们的朋友圈，关于国旗班的那一条永远是他们的骄傲，也是我的骄傲。在这里，我们聚是一团火，散是满天星。

感觉距离开国旗班的日子已经很远了，很多记忆都模糊了，但不知道为何，想起大家还是特别地开心，会忍不住微笑。

对我而言，在国旗班最大的收获大概就是加入了一个很好的团体，遇见了一群很好的朋友。对于内向的人来说，普通的经历似乎很难和一些人产生情感的连接，但是经过选拔训练以及在部队和西区的集训，一下子拉进了我与战友们的距离。大家一起训练，一起吃苦。对我而言，那一年很长，可是那一年也很宝贵。身边不理解国旗班的同学们会说那是浪费的一年，可我会笑着说，那是值得珍惜的一年，那是处处充满小幸福的一年。

传承数载钢铁志，成就世代战友情。雷厉风行夺分秒，精忠报国爱五星。国旗班是我一生的财富，也是每个国旗班人一生的财富。希望在五年后，十年后，五十年后回想起这段时光，我依然能够如此地骄傲。

　　雨过天晴，金色的阳光穿过云层，撒在大地上。车流开始缓缓移动，城市又恢复了往日的繁华，我的脸上浮出一抹笑意，继续向前出发……

（作者：刘文帅、陈桂阳、周蕊、徐展、白宇、
　　　　赵相坛、姚汶瑄、于佳洁）

山聚成峰　水凝成云

在峰云社里，大家都亲切地喊他"周叔"。尽管已经毕业十年有余，周鹏这个名字对于在校的峰云人来说，一直切近而又温暖。因为他身上的诸多光环，也因为十几年来，周叔一直在陪伴着峰云社成长和发展。

——笔者前言

接到采访的邀请主题时，我甚至有一些恍惚。时值二月，窗外云蒙山月明星稀，白河千里冰封。刚结束"享攀"教学的我，难得在冬天待在开着暖气的房间。思绪稍稍停顿后被艰涩地拉回到十六年前，我的青葱岁月。2004年9月，北京的天气还稍显炎热，我和

峰云社同学登顶四姑娘山雪峰

许许多多高中毕业生一样，懵懵懂懂地走进了大学的校园。我不知道我会从这里开始一段与众不同而又风起云涌的经历。

一、缘起峰云

社团草创阶段，我就加入社团。在这一阶段，我们为社团倾注了大量的感情和精力，为社团未来的发展打下了基础。社团也给我留下很多美好的回忆，对我未来选择户外行业也产生了重要且深远的影响。

技术、体能和装备就是登山最重要的三个因素。我们当初都是年轻力壮的小伙子，最不缺的就是体能。2005年春天，学校组织峰云社前往云蒙山拉练，我们能够一天负重攀爬两次云蒙山。没有技术，我们就去向其他组织学习，学攀冰、学攀岩，回来在社团内传授，技术在社团内就有了传承。装备的在当时是个大问题，在学校、登协和兄弟社团的帮助之下，我们拼拼凑凑也有了属于自己的系列装备。经过我们的探索，社团冬训和登山的框架就这样搭建起来。

印象最深刻的是第一次去冬训。我和队员们一起先坐火车到石城镇。然后请当地村民开着几辆"三蹦子"拉着装备，全体队员们挤在一辆严重超载的破面包车里，摇摇晃晃地开进云蒙山。和北京市区相比，云蒙山这边海拔略高一些，也更冷，道路两侧还有些尚未融化的积雪，和切近的天空相映。在山里，我们用大锅做饭，下河挑水，自然也不会落下每日的拉练。学校给我们搞了一批军大衣，大家穿着军大衣在山里走。山里虽然寒冷，但我们很有干劲冲劲闯劲，心里是暖的。

当时，我对技术的关注还没有现在那么高，社团的管理和发展才是主要关注的方向。从2007年入选珠峰火炬传递的队伍开始，我的关注点开始转向技术、装备、线路这些硬核的更吸引人的东西，我逐渐意识到自己对户外纯粹的喜爱，对外探索的激情开始萌芽、迸发。

二、珠峰盛况

珠峰火炬传递是在2008年5月进行的，但珠峰火炬传递的选拔活动要早得多，2006年11月就已经完成了选拔进入训练阶段。我、阿贵（黄春贵）、紫霞（苏子霞）、小强（韩小强）四人入选了珠峰火炬传递队伍。

现在回忆起当年的这项任务，我们还是后知后觉的。2006年暑期，学校已经有意识的提前布局谋划，希望我们能够成功入选珠峰火炬传递的队伍。在时任校长陈章良的争取下，社团在获得了两个随其他登山队前往卓奥友（世界第六高峰，海拔8201米）攀登的机会，另外也有三四个同学前往担任登山协作，帮忙运输装备物资。这给了我们一次很好适应高海拔的机会，对我们的入选提供了帮助。

这件事刚在校园中传开的时候，大家都觉得"太疯狂了"。在那个年代，民间登山运动还没有现在这样发达，攀登珠峰是一件距离普通人非常遥远的事情。更何况还是在校大学生呢！有些人觉得这是很好的机会，能参与到奥运这样的大事件中来。也有一些同学表示不理解，我们的训练是完全脱产的，没办法很好兼顾学业，他们觉得这是不务正业。

我们当时年轻气盛，想的很少。一是能有机会参与到举国同庆的奥运中来，也觉得是一件荣耀的事情。二是当时真的很愿意登山，能通过国家系统的训练提高登山技术，并且有机会去登珠峰对我们来说就很有吸引力了。我也始终坚持，想要得到什么，自己必须要愿意去做，愿意牺牲些什么。

当时的训练还是非常辛苦的，我们从十一月底进行封闭式训练，到第二年五月份珠峰登山季结束为止，共进行了两个循环。整个训练过程中，学校也给予了我们很大的支持。2007年5月的时候，陈章良校长还前往珠峰东坡大本营看望我们。2008年出征之前，学校也举办了非常隆重的出征仪式为我们饯行。

2008年5月8日，峰云社黄春贵成功登顶珠峰，参加珠峰奥运火炬传递

最终我们成功完成了珠峰火炬传递的任务，珠峰上传递火炬的几个人，珠峰上下参与火炬传递任务的几百人，一下子成了全世界关注的焦点。这种盛况从世界最高峰一直延伸下来，随着我们回到了学校。回校之后，我们受到了大家热烈的欢迎。社团也学校里有了更大的号召力，听说2008年社团招新时，有五六百人报名。不过那都是我毕业以后的事情了。

三、别有天地

实际上珠峰攀登传递火炬是一项重大的政治任务，只要几个人实现了最终的目标，那么整个团队就算是实现了目标了。我当时并没有登顶珠峰，只是在7900米处作为预备队员（黄春贵作为第4棒完成火炬登顶、展示任务，周鹏、苏子霞在火炬传递过程中承担物资运输、接应登顶队员等任务——编者注）。但是这一系列的登山运动还是引发了我大量的思考，我从思想和精神上转向自由独立的阿尔卑斯攀登方式。

我的人生轨迹这样被改变了。毕业后，我便投身于户外行业。我选择在户外行业发展，并不是看到了这个行业有很好的前景，而是一直顺其自然地，走到了现在。经验和技术是慢慢累积沉淀下来的，做其他任何事情也是一样。攀冰攀岩并没有多少不同，喜欢了就去做，不喜欢就不去做。在户外行业，实现目标从来就不是那么轻易的事情，我需要的是不断地训练和提升自我，同时克服各种各样的困难阻碍。

为自己的兴趣爱好付出努力是正常的，也是应该的。最大的兴趣不一定会变成自己的职业，但一定要对职业感兴趣。要成为一个更好的人，就要去不断地寻找自己的兴趣。当我们发现了某一个真正感兴趣的事情，就应该毫不犹豫地去追求。我认为每个人都会有

峰云社同学登顶卓奥友峰

自己喜欢的事情，但能够明确到自己目标所在并且坚定走下去的人却是寥寥无几的。如果能从小不断地寻找兴趣爱好是什么，找到之后再为之努力提升自我，是很正确的做法，而作为大学生意识到这一点也还不晚。我不相信会有人完全没有喜欢做的事，无论是书法、电影还是音乐，我们总有喜欢做的事情，而户外运动只是其中的一个载体。

同时，我也始终怀念在社团的时光。我是少数毕业后仍从事户外行业的云友。有户外运动这座桥梁，我与一代又一代的峰云人始终保持着一种特殊的联系。每年的社庆晚会，我都会尽可能地赶到现场参与。我也时常在户外登山或攀冰的过程中，遇到还在学校的社员们，我都会顺便指导一下他们的技术。在他们的身上，有我们当年的影子，有我们的感情和回忆。

无疑，我是幸运的。时代的一粒尘埃，落在头上是一座山，落在脚下也是一部梯子。因为有农大，有峰云社，珠峰火炬传递这一时代的阶梯落在了我面前。在不断向上攀登的过程中，我寻找到了自己热爱的事业。而如今，我也希望将这种热爱传递下去，能有更多的人发现户外运动的乐趣所在，能看到更多人饱含探索欲望、向外出发的激情，能有更多人安全和科学地进行户外运动。

峰云人常说，山聚成峰，水凝成云。农大和峰云社始终是峰云人聚峰凝云的核心，我们也要借助这个核心，不断向外延伸发展，在自己的事业上不断突破进取，聚成更高耸的山，凝成更壮观的云。衷心希望农大和峰云社都能发展地越来越好。

（叙述：周鹏　整理：彭玮茗、陈昊、黄雨薇）

志愿服务：刻在骨子里的习惯

我们人生中的每一个阶段，都有引领成长进步的"第一课"：或许是记忆中触动极深的一次演讲，或许是进入社会所经历的一次刻骨铭心的教训，又或许是初次涉足某一知识领域的新鲜感。但对于刚踏入大学校门的农大人来说，谈起第一课，那一定是志愿服务。

我对大学的初印象是热情洋溢的志愿者学长学姐，是他们帮助迷茫又好奇的我探索、适应大学这个"新世界"；新生入学教育的"志愿人生第一课"更是让我学习志愿、了解志愿，激发了对于志愿服务的向往与热情，我的大学生活也满是关于志愿服务的点滴回忆。

志愿者参加志愿服务活动

加入志愿大家庭，是青春最无悔的选择

有人说，志愿服务是一种选了就不会后悔的生活方式；有人说，一日志愿者，一生志愿情；有人说，志愿服务是让你感觉到坚持就是幸福的东西；有人说，不管我们为什么来当志愿者，总之我们来了，做的就是贡献……虽然参加的志愿项目有所区别，但每个人参加志愿服务的初衷都是向上向善的。如果问我大学最难忘、最不后悔的选择是什么，我想，那一定是选择加入志愿服务总队这个大家庭，选择投入到充满青春气息、奉献实现价值的志愿服务当中，选择让青年志愿者精神成为自己的价值观念和生活时尚。

关于学校志愿服务的故事和精神代代相传，至今已经坚实地走过了二十多个年头，积淀了深厚的志愿育人传统。2000年6月22日，一批心怀志愿理想、心系国家社会的农大青年自发组织成立世纪青年志愿者协会；2004年9月，学校在世纪青年志愿者协会的组织基础上正式成立中国农业大学志愿服务总队；2004年11月，在校团委、各院分团委的指导支持下，各学院成立了志愿服务支队，形成了校、院两级管理的格局；2014年11月，校团委成立志愿者工作部。经过多年的发展，志愿服务已经成为学校德育的重要组成部分，具有时代特点、青年特征、农大特色的志愿服务长效机制正在给更多农大青年提供走近"三农"、了解"三农"、服务"三农"的实践机会。全年不间断，总有农大学子作为志愿者服务于全国各地，在百余个志愿项目中"不断提高思想水平、政治觉悟、道德品质、文化素养"，成长为德才兼备、全面发展的人才。

支教、敬老、爱幼、助残、环保、尚学、医疗卫生、校院服务……立足校园、辐射周边、遍布全国，农大志愿者将温暖与爱通过服务奉献的方式传递到每一个需要帮助的地方。值得一提的是，农大志愿者们历年来多次服务国家重大事件、大型活动，不断刷亮农大最美名片：在2003年的"非典"特殊时期，我校一批经过严格培训、不畏危险的阳光志愿者走上了抗击非典的最前线，用实际行动保卫校园，保护同学们的生命安全，向全校师生和外界社会诠释了志愿者的深刻内涵；在2008年的志愿元年，摔跤奥运场馆建在学校内成为农大人永远的骄傲，我校志愿服务也在青年服务奥运中得到蓬勃发展；国庆60周年、70周年系列庆祝活动、2017年残疾人射箭锦标赛、2018年中非合作论坛北京峰会、2019年北京世界园艺博览会、亚洲文明对话大会、北京马拉松赛、全国救生锦标赛、世界田径锦标赛、抗击新冠肺炎疫情、学校百年华诞等，都让农大志愿者队伍得到了更广泛的认可和不断地壮大。

而我也在丰富的志愿项目中历练成长，收获了许多弥足珍贵的回忆，结交了一生的挚友。

志愿路上的二三事

志愿路上总能看到许多感人瞬间，也能听到很多让人动容的故事。

2019年，能够参加国庆70周年群众游行是全校师生的热切愿望，但做好3000余名方阵人员的后勤保障是工作面临的首个问题，这意味着需要到得比方阵人员早、走得比方阵人员晚，目送着方阵人员出发、迎接方阵人员返校。得知学校需要有人留校参加后勤保障工作后，131名志愿者第一时间向所在学院表达了自己的意愿，他们是方阵训练最坚强的后盾，他们带着无限骄傲目送方阵出征即使自己不能走上长安街，他们满怀自豪迎接方阵凯旋，他们的工作展现了"功成不必在我，功成必定有我"的使命与担当。

主动担当是农大志愿者的底色。"愿逆行的方向为众人所向""有一分热，发一分光，就如萤火一般，也可以在黑暗里发一点亮，不必等候炬火""绵薄之力，你我可为，携手共盼，樱花烂漫""疫情期间，我们青年人必须奉献自己的一份力"。2020年初新冠肺炎疫情发生期间，同学们虽宅在家但时刻关注疫情动态，想为抗击新冠疫情尽些绵薄之力。于是，他们中的很多人带着满腔热忱纷纷行动就近投身抗击疫情的志愿服务工作中。

志愿者在国家体育场

我校第22届研支团成员刘岩是其中的骨干志愿者，在组织并参与手拉手志愿活动的时候主要负责将农大志愿者和一线工作人员对接到一起，对一线工作人员子女进行线上学业辅导。她说，在服务期间，每天都会有很多来自志愿者、医院、医护人员以及孩子带来的小感动，也许只是一个微笑，一份信任，一个鼓励，都让我们觉得不管前路如何，我们都会继续坚持下去。其中让她印象最深、也是最动容的时刻，是第一次得到一线医护人员反馈的时候："我们上班太忙了，孩子白天上网课，有不会的问题没处问，我们一点办法都没有。还好有你们。"也许只是帮助了一个普通的家长免去后顾之忧，让这位身为医护人员的家长可以把更多的精力放在自己的工作上，帮助病人们早日走出病房，这其中体现的是特殊时期的互帮互助与众志成城。转过头再看招募抗击疫情志愿者的时候，不论什么时间在招募群里发布招募信息，都会马上有大批志愿者踊跃报名。"感谢大家的热情参与，由于所需名额有限……"每次发出这句话的时候，每个人都觉得自己可以多做一点，再多做一点。能在这个时候做点什么，真是个幸福的事情。

其实，每次志愿服务都会造就更好的我们，也是一次次的志愿服务，让我们更热爱这个世界。

学农爱农，将志愿者的足迹踏遍祖国大好河山

"解民生之多艰，育天下之英才"，学校的校训时刻指引着莘莘学子。校园生活的结束不是志愿服务的终止，而是一个新的开始，心中热情不减，赤诚之心愈诚，农大学子总会在新的人生阶段继续投身志愿活动。20年来，近200名研究生支教团、西部计划志愿者逐渐成为农大青年到祖国最需要的地方服务奉献的"方向标"，每年报名人数成倍增长，许多农大学子收拾好毕业离别的心情，带着丰富的志愿经历和饱满的志愿热情，跋山涉水去到祖国需要的地方，砥砺情怀，历练本领，续写志愿故事，在祖国基层的建设发展当中奉献、成长。

2020年大学生西部计划志愿者张宁就是其中一位，上学期间他曾参加世园会等多项志愿活动，他在研二时毅然选择休学参加西部计划。谈起缘由，他说："会有很多人好奇为什么会在还有一年就毕业的情况下选择报名西部计划，还是报名到祖国边远的西藏？我报名的原因是疫情。疫情影响到每个人的方方面面，事情都有两面性，为了切段病毒传播途径、控制疫情形势，可能在一段时间内阻断了人员流动和经济发展，在有效控制住疫情的同时，涌现出众多英雄人物和先进事迹，成为中华民族宝贵的精神财富，滋养着每个国人

的心灵。感受到那种被人保护的温暖，自己也想为祖国为人民做些事情。这就是一颗初心，一颗想做事的初心。当时并不知道西部计划，直到4月看到'西部计划'志愿者招募的信息，怦然心动，激动于西部计划的恰合初心，又回想起自己之前参加过的志愿活动，'想干事，能干事'，那我能'干成事'么？下定决心干成此事，在征求得家人和导师的同意后，报名西部计划，很幸运被录取。我现在是西部计划西藏专项的一名志愿者。"

志愿者参加新中国成立70周年系列庆祝活动

带着这份恰合初心的激动，张宁来到拉萨。陌生的环境总需要一番磨合，从一开始缓慢适应高原的气候和海拔，到工作的逐渐上手，慢慢适应了志愿服务工作的节奏。张宁在工作中的一个感受就是在相对落后地区，志愿者所做的工作有时虽然不难，但非常有价值，"要时刻保持一份踏实肯干的劲头"。

经过大学期间渗透式的志愿服务教育，志愿服务成为一代又一代农大青年刻在骨子里的习惯，他们在服务中成长，在磨炼中成熟，充满生机与活力；他们学农爱农，在祖国辽阔山水中强农兴农。遍历山河传递温暖与爱，不负韶华，彰显青年本色！

（作者：郝琦伟）

江畔何人初见月

2020年10月4日下午，我坐在秦皇岛市北戴河区的海边，有点冷，但天很清，海很蓝，海面上有成群的海鸟。夕阳从海平线远处投下长长的倒影。

秦皇岛骑行活动是阳光车协的传统活动。每年的国庆假期，都会有几十名学生聚在一起，从北京骑行三百公里，去秦皇岛看海。从社团的前辈那里听说，这个活动已有十数年的历史了。随着一代代前辈们毕业离开学校，这个小长途活动最初是什么样子，现在也

阳光车协同学暑期骑行实践

无从得知。但现在的它不仅是社团的传统，更是招新活动的一部分，是许多车协人对团体骑行和长途骑行的初认识。

初入社团时，车协就是诗和远方。只要背起背包，跨上车子，路就在脚下，风景就在眼前。骑行者多走国道，路平坦且直，大型货车带着风尘呼啸而过，两侧是普通的树林或村镇。很难称得上是什么出色的景色。可一旦实际投入到旅途当中，凭自己的力量带动车轮前进，付出使得旅行本身的意义远远超出了风景。

骑行途中

我没用多长时间，就领悟了"力量"的另一层含义。去秦皇岛的路并不难，但我还是在骑行的最后一天掉队了。当天的后骑良哥很有耐心，和我一路聊天，慢悠悠骑到终点。此后的每一次活动，每一位前辈，都在用行动传递社团的团结和温暖——独属于我们的"力量"。这也是换届时，几乎每个执委候选人都会提到的理由。因为获得了力量，所以想要成为把这些力量传递下去的一分子。

从旁观者变成了支持社团运作的一分子，才真正意识到背后承担的东西太多太多。那时最常听到的一句话是"我怎样，车协就怎样"。人有学习的特性，尤其是在新的环境当中。我想，社团的传承正是如此。我努力地向我的前辈们看齐，而现在，新生们则在潜移默化中与我们看齐。

我总担心我们做得不够好，自己做得不够多，不足以撑起前辈这个名号。但经历过的许多事让我明白——我不必一个人面对，不需要做得够好、够多。因为我身在团体当中，所以可以，也应该信赖我的队友。

看海是高光时刻。无论是黄昏的醉人夕阳，还是最后一天到海边的骑行。追逐战在踏入海水浴场的那一刻就悄然开始，有远见的人早早跑远，远离战场；参与混战的人则展开包围圈，致力于把队友和自己一起扔进海里。队长和执委是怎么都逃不过的。队长首当其冲，虽然我和杨子馨还有受了伤不能下海的刘东姣坐得远远的，但是最后还是毫无反抗之力地被带回海边。张融在保护不能下海的女孩子，海边的其他人在看我们的热闹。每个人都笑得很高兴。我猜他们在想，年轻真好。

我不知道自己花光了几辈子的运气，才能遇到这样的一群人。从前常说的温暖关心，在这里不过是最不值得一提的细节。我们求同存异且惺惺相惜；能一起嬉笑打闹的人不少，能共同合作的人也不少，但出现分歧，大吵大闹一场后还能把酒言欢的人，于我而言，只属于这里。哪怕是在卸下了社团职务之后，我们也能仅仅为了见一面聊个天这样的理由，推下手中的事情赴约。

阳光车协20年的经验积累至今，我们有规则，有无拘无束，有团结，有凝聚力；但这些都太笼统了。社团的本质就是热爱同样事物的人聚集的地方。归根到底，把我们留在阳光车协的还是对骑行的热爱，其余的都是我们在骑行当中凭自己创造出来的附加价值。我们常说，"铁打的车协，流水的阳光"。车协的人换了一批又一批，唯一不变的是使我们聚集在这里的热爱。

（作者：牟瑞）

用生命影响生命

我诞生于1998年，一个向日葵花盛开的季节。

一群可爱的人聚集起来，带着最真挚的情感，怀揣最美好的期望，用心培育，用爱浇灌，希望向日葵的花儿带着最温暖的阳光，开放在每一个角落。渐渐地，厚实的冬衣被收集起来，带着同学的祝愿，飞向遥远的山区，为孩子们抵御严寒；一封封充满关怀的书信送到留守儿童的手中，在最需要爱与关怀的年纪陪伴他们成长；一群又一群朝气蓬勃的大学生走进乡村，将科学和知识传递给新生的小太阳；亲切地教导回荡在留学生教室，搭建起互助友爱的桥梁……

大手拉小手爱心服务

向日葵爱心小学篇——教育托举起光明的未来

甘肃省礼县沙金乡张家村，曾被称为"最贫困县中的最贫困村"。在苍茫贫瘠的黄土高原上，孩子们的学习条件十分艰苦。2003年，在收到村内一名张姓学子的求助信后，向日葵爱心社通过爱心班级、社会爱心人士捐赠、爱心义卖等方式，建立了中国第一所由在校大学生自发募捐而建立的小学，并在此后的数十年间，坚持在暑期前往该小学进行支教。

我去的时候，是2015年的夏天，蜿蜒狭窄的漫漫山路颠簸不停，让人很难想象课堂中对于我们似乎触手可及的知识，该如何飞进这座大山。尽管已经做好了心理准备，但张家村的贫困条件确实超出了我的预期。村里没通水，我们用的水得每天去河边打来，做饭也是最原始的生火烧柴。虽然生活条件如此艰苦，但直到今天，我都觉得2015年这个夏天，是我人生中过得最美好的一个夏天。

最让我难忘的，是村里的长辈们，他们真心感激我们为村里孩子的未来带来了希望。因为听不懂当地方言，我们和村民们的沟通几乎都是由孩子们来充当"翻译"，但每每遇到村里的村民，他们都会与我们相视一笑，有一个住在附近的老人，每天还会默默地给我们送来一堆劈好的柴火。村里唯一的老师王老师，他同时还兼任村里唯一的村医。王老师一个人撑起了村里的小学教育，在和他聊天的过程中，我感受到了他的朴实和纯粹。他知道自己知识有限，但仍旧尽可能地帮助村里的孩子学习基础知识。在我们支教的过程中，王老师时不时地会给我们送来一些鸡蛋。他的话也不多，但一遇到我们都在表示感谢。

那些可爱的孩子们也让我念念不忘，他们身上散发出的灵性和善良给予我很多的能量。在课堂上，他们对于不同知识的热情和渴求与城里孩子并无异，有些孩子学起新知识来悟性极快。我是他们的音乐老师，我印象最深的就是我们合唱《天使》的那个下午，连平时最羞怯的孩子也放声唱了出来。此后的几天，我们几个老师常常带着他们一起在山路上放声大唱，蹦蹦跳跳，好像跟着他们一起回到了小时候一样。每次我们在河边打水，他们都会冲过来帮我们挑水，有时候午休，也会有小孩在门口等着，等着我们醒来一起去山上摘野草莓。我们要走的那天，他们一直送我们到山脚，大家眼里都是不舍。

到现在，我都无法说明白，2015年这次支教，我收获了什么，因为有太多的震撼、反思、感动，汇聚成复杂的记忆铭刻于我的心间。这是夜晚满天的繁星，是老师们熬夜一起筹备运动会的热情，还是孩子们守在房子前和我们倾诉心声。向日葵爱心社里有一句话叫"生命影响生命"，短短的支教活动，不仅是我们带给了他们知识，更多是他们带给我们一份纯真的感动。

我希望我们年复一年的坚持，能为这些山里的孩子带来一束光。我们去的时候，村里已经出了一个大学生，他考上了陕西师范大学。他告诉我们，他以后也会选择当老师，改变村里孩子们的命运。第二年，国家"精准扶贫"开始推进，村里修好了路，通了水电，听说校舍也翻修了，环境变得越来越好。就当我们是撒下种子的一群人吧，在张家村这个山清水秀的地方，在孩子们的心里撒下一点希望，让他们看到世界有更多的可能性，激发他们对知识的兴趣。也许有一天，这些小种子，就会在他们心里长成一棵大树。就像我们走的那天，在校舍外墙壁上看到的那句话，"知识改变命运"。我想支教的意义就在于此吧。

天阶支教篇——陪伴是最长情的告白

夏日的午后，伴着阵阵蝉鸣，我和两个伙伴走在冷泉村的小路上，来到一家门前，门口的狗发出阵阵吠声，不一会，几个孩子便蹦蹦跳跳地出来迎接我们。

　　在这里，我和我的志愿者伙伴，陪伴孩子们度过了八个周末。我们从陌生到熟识，给孩子们辅导各种课程，解答作业问题，偶尔也给他们普及天文地理知识。我们在休息时一起聊天、一起听歌，我们感受到他们简单的世界，也倾听过他们小小的烦恼。有的时候，他们也是我们的小老师，教我们折纸，教我们玩游戏，在一起玩耍中，我们仿佛也回到了无忧无虑的童年。

支教的同学与孩子在一起

　　坐上回学校的公交车，闭上双眼，伴着傍晚清爽的微风回到学校，再睁眼时，夜幕已经悄悄降临。

　　"嘀嘀嘀，嘀嘀嘀......"

　　一阵清脆的闹钟声把我从周六的美梦中唤醒，我看了看手机，早上6点整。耳边室友均匀的呼吸声还很清晰，我轻手轻脚下了床，小心翼翼地穿衣、开门、洗漱。

　　迎着北京初冬瑟瑟的寒风走出门，冬日清晨的学校，太阳还在遥远的地方打着瞌睡，只有月亮还慵懒地蜷缩着自己的身子。万籁俱寂的校园只能寻到稀疏的身影。

这是我担任天阶支教的领袖家后第一次跟随志愿者前去支教。9点开始的支教活动，志愿者们6点40分已经全部集齐，要坐将近两个小时的公交车，中间还要换乘，当冬日清晨第一缕阳光还在偷偷睡懒觉的时候，我们便走出了校门。

这些志愿者，在冬日里伴着朦胧的月光，开始了第一次支教的旅程。在校车上、在公交车上，累了便低头入睡，在到达孩子们家中时，抬头已经能看到太阳的微笑。

见到了孩子们，志愿者们一早的疲惫便一扫而空，开心地问候起来，之后便投入到了今天的课程中。望着志愿者们和孩子们的笑脸，我仿佛看到了自己和孩子们在一起时的点点滴滴。

2020年，我成了学校天阶支教的负责人。在这极其不平凡的一年，志愿者们暂时不能面对面给孩子们进行辅导。在适应了家里网课的时，我忽然意识到：其实我们也可以通过屏幕，用特殊的方式和孩子们在一起。

很庆幸，在这个特殊的时期，我遇到了更多热情的志愿者。于是，在农大的校园里、在教室、宿舍、研讨室、食堂、咖啡厅，都有志愿者们上课的身影。初次尝试线上教学，我想过会遇到的各种困难，但很感谢有各位领袖家帮助我一起做好了各种前期的准备工作。看着志愿者精心准备的课件和动画、看着屏幕前孩子们和志愿者们的一张张笑脸，我终于可以放心地说：我们成功用新的方式给予孩子们关照与陪伴。

在天阶支教的近三年里，从志愿者到领袖家到负责人，变的是身份，是工作的内容，不变的，是初心，是对孩子们的热爱。新年在爆竹声中和我们招手，春暖花开，我们和孩子仍然相约在一起。

山里的孩子们

社会实践篇——奉献书写无悔的青春

2019年暑假，我刚结束期末考试，就赶往广西壮族自治区桂林市海洋乡进行支教。

在经历了这次支教之后，我收获颇丰，感受到了这里的淳朴民风，但同时也发现了几个问题。不少家庭经济条件不好，父母外出打工，没时间陪孩子，所以他们对孩子期待不高，觉得高中毕业就是万幸。此外，留守儿童所在地区的学校还缺乏师资力量。虽然孩子们梦想很好，但又有些自卑，放不开。我们在支教期间开设了一门绘画课，主题是《我的梦想》，孩子们的绘画都很出色，不难看出，他们有的想当宇航员，有的想当卡通设计师，有的想当老师，有的想当科学家，有的想当植保人员。

每个孩子的心里都有一个理想，只是因为某些原因渐行渐远。不少留守儿童多少都有自卑感，在和我们交流时，需要我们慢慢地融入，引起他们的共鸣，才能够倾听到他们内心真实的想法，从而更好地帮助他们。

我诞生于1998年，一个向日葵花盛开的季节。数十年的光阴转瞬即逝，一批又一批的葵子接过前辈手中的火炬，传承爱心和温暖，守护每一个向日葵花盛开的季节。

（作者：梅傲冬、杨畅、周坤）

镌刻在红十字中的农大记忆

"宇宙以其不息的欲望将一个歌舞炼为永恒。这欲望又怎样一个人间的姓名，大可忽略不计"——如果说农大校园里的生活是一支支动人的歌舞，那么社团活动则是其中最婀娜的那一支，而红十字会的活动便是最婀娜的舞蹈中那道永恒的舞姿——绚丽、深沉而又令人回味无穷。作为极富人道精神的社团，给予了农大同学无数参与活动的机会，农大同学也回馈给我们无限的希望、珍贵的记忆与发自内心的欣喜。红会的目光注视着百年农大，百年农大的目光也凝视着红会，就在这对视之间，几股记忆浮现在我们眼前，这究竟是什么呢？是一次次社团活动中的收获，是在帮助他人过程所收获的感动，更是对于红会，对于校园文化的全新认知。接下来，我将与你细细说道那些弥足珍贵的记忆。

中国农业大学红十字会与北京中医药大学红十字会交流

志愿：红会精神的根本传承

作为中国农业大学活跃的志愿团体，献血车进校园、急救培训、松堂医院关怀临终老人等志愿项目是红十字会的品牌活动，也是红会精神的传承。

作为组织者一员的张有倩同学是这样回忆的：

每一次献血车进校园活动都会给我极大地震撼与感动。在现场排着长队的献血者，与热情周到的志愿者们都提醒着我，我们是年轻的一代，是热血沸腾，乐于奉献的一代。

一个大型活动的开展，离不开复杂的准备工作。在活动开展前，红十字会都会召开会议，商量献血车进校园活动的准备工作，各个部门会齐心协力策划如何组织开展活动。

在献血的过程中，志愿者们认真指导同学们进行信息填写，经过了信息检录、测量血压、检验血液等一系列程序后，在志愿者的引领下排队进行献血。志愿者在献血前会为献血者送上面包和饮料，献血后及时搀扶，发放献血证，整个过程井然有序。

在一次献血后，一位献血者发文称："表白今天献血的所有医护人员和志愿者，真的好温柔。"同学们的满意，是我们社团开展活动一直所追求的。

能够加入这样一个温暖可爱，热血沸腾的社团，是我进入大学以来最大的收获之一。

教育：让一棵树去摇动另一棵树

同伴教育部是红十字会的特色部门，言论自由、科学创新是我们的宗旨，传播性与生殖健康及权利知识是我们的使命。在防艾禁毒、青少年身心健康等领域中，同伴教育始终在散发光和热，为农大学子打开一扇友爱互助的窗......

参与同伴教育活动的王靖瑜对于那段经历记忆犹新：

在红会已经一年多了，让我印象最深的是那次同伴教育部举办的主题为"爱自己才是终身浪漫的开始"的讨论会。

那天晚上上完课，我便直奔研楼二层的咖啡馆，去聆听期待已久的小型交流会。我们的讨论由浅及深，从PUA的基本概念谈论到自己身边类似的经历。我们分享了家庭中、学校中、职场中、感情中的PUA，比如上司对员工灌输的"离开了这里你就找不到工作"的思想。谈到日常生活中的种种现象，我恍然大悟，原来PUA不仅仅存在于爱情中，还存在于各方各面，这是一种精神压榨。部长最后总结唯有爱自己才是终身浪漫的开始。我回去后，躺在床上久久不能平静，回顾自己曾历经过被外界无理的否认后妄自菲薄，也曾被种种畸形观点的洗脑。我试着去体悟自己的存在，感受到"爱自己"带来的巨大力量，这是一种不被外物束缚的自信。爱自己不是自私，这是我们一生幸福与成功的来源。

红会的同伴教育部给予了对我们心理健康的关怀，我从中感受到红会不仅仅是一个保护我们身体健康的社团，还让我们获得心理健康的滋养。这是我在红会里体悟到的爱、获得的成长。

感悟：在纷繁的活动中感悟奉献的意义

多年后，作为红会成员的蒋一琳总是想起：

起风了，距献血车进校园活动日还有一周的时间。路过篮球场，中国农业大学红十字会学生分会的海报，安安稳稳地贴在褪色的铁丝网上，相较于那些在风中支起大半个身子，摆开剑拔弩张的阵势，竭力吸引目光的明艳海报，这张海报显得多么低调且不够诱人。淡红的底色，一只血红的手，一辆救护车，被一根输液管连接，或许只有页面最上方那一行不起眼的标题显得更有新意。"这一次，做别人的英雄。"

红十字会协助开展义务献血活动

　　活动日当天的准备工作开始得很早。对这次的志愿活动，我抱有一种莫名的积极性，说不清是为社交还是为服务，或者是为活动本身。总之，这一天的清晨，待我匆匆忙忙抓起桌上的饼干出门时，大家已经陆陆续续地签到了。值得庆幸的是，第一次活动我没有迟到。

　　准备时间虽然漫长，却没有人有功夫喘息。单是搬桌椅，搬物资，就用去了一半时间。会长们考虑得很周全，从场地安排到人员安排，在我这个"不明白的人"看来似乎是毫无疏漏，就连为献血的同学准备的食物都安排得那么恰到好处。我不得不再一次佩服这些仅仅比我年长一两岁的学长学姐的头脑和才能。

　　活动开始时，门口已经排起了队，大家的热情很高，随着献血的进行，这次带来的几百个血袋，可能要不够用了。第一次参加组织献血的活动，我就被同学们的志愿精神深深地感动了。

　　上大学以前，我从未真正参与过志愿活动。而参与这次"献血车进校园"，我不愿意用"挽救生命""无私伟大"这样华丽空虚的辞藻描述我的感受，志愿活动带来的乐趣是无法用付出与回报衡量的。这也是为什么，在之后的"双十一排队日""急救培训""十佳社团答辩"，我愿意在难得的周末时间参与志愿活动。就像我开篇所说的，"对这次志愿活动，我总抱有一种莫名的积极性，说不清是为社交还是为服务，或者是为活动本身。"虽然这个问题我依然没有想明白，不过，这已经不重要了。这就是最好的答案吧。

结束语：我的青春，与农大红会同行

肇自南丁格尔的红十字会，以怀有人道主义精神而伫立于中华大地。中国农业大学红十字会学生分会，传承南氏精神，创新志愿类型，凭借着引领当代青年参加各类志愿活动、投身于为人民服务之中去的理念，在中国农大乃至全国高校学生组织中熠熠生辉。

红十字会参加首都高校活动

许多年后，回首过往，我将不会因碌碌无为而感到羞愧。这是无数红十字会志愿者们的心声，铿锵有力、掷地有声——

感谢与农大相遇、感谢有红会相伴，这是你我青春旅程中亮眼的色彩、靓丽的风景线。在这里，我们褪去青涩、学会担当；在这里，我们播种热爱、收获希望！

（作者：张有倩、姚鸿钦、王婧瑜、蒋一琳）

足球梦

　　中国农业大学足球社成立于2016年，是一个非常年轻的社团。在成立的五年内，新生足球赛、裁判培训等大大小小的体育活动将我们每位成员凝聚起来，向各位同学传达足球的魅力；日常的微信公众号运营与维护也承载着我们无数的心血。

足球社首届成员

　　在足球社的事项中，运动和维护微信公众号是日常工作的重心。工学院2017级的李琳学姐就曾经是足球社宣传部的负责人，她回忆起社团早期如何开展宣传工作：

范瑶函（首任宣传部部长）是我的桂林老乡，她的足球踢得很好，是校女足队长也是宣传部部长。因为她我接触到了女足，也渐渐参与到足球社的事务。我本科学的是工业设计，范范便将我拉入足球社宣传部进行培养。从排版推送到自己构思专题，一路上可以说成长了很多。

一开始足球社的建立和运营是坎坷的，就拿我在的宣传部来说，范范是一个苛求完美的人，我和她常就一些推送的细节问题推敲到深夜。后来范范当了足球社社长，宣传部的工作就全部交到我身上，那个时候经历换届，大部分主力骨干回到烟台，一下子少了很多成员。有时候遇到足球比赛，宣传部却找不到人随队摄影或者出推送，我就自己顶上。

食品学院2018级的足球社前任社长彭子成也曾是一名宣传部的干事，他对于这段社团经历有别样的体会：

还记得第一次社团见面会是在小红楼的办公室，见面会的内容记不清了，紧接着在与各位前辈和同级生交流了许久后，我被分到了足球社宣传部。从此便开始了我在足球社的三年经历。

李琳学姐作为宣传部部长对我们这群新来的干事都非常关照，在最开始的时候指导我做推送以及管理公众号，在办比赛的时候带着我去球场边拍照、写战报……新生赛的时候，我时常熬夜做战报推送，一篇稿子要修改很多次才能最终在公众号发出去，发出去之前还要给部长和社长审核。因为是刚接触这些东西，一开始会出很多错误，琳琳姐都非常耐心地给我指正，不管我做到多晚，她都会逐字逐句帮我检查，在字体字号、图片编辑、文案排版等方面一一作出调整和修改。

当然，作为一个体育类社团，每年秋季学期举办的新生足球赛自然是社团的重头戏。彭子成在参与了前几届的新生赛工作后，以社长的角色负责了2019年的新生赛工作。作为一场大赛的第一负责人，需要经手的事务是超乎想象的复杂。彭子成学长在忆起新生赛有关的经历时，特别感谢了曾对他有帮助的社团前辈：

  社团工作是非常辛苦的，足球社并不仅仅只是一个足球爱好者聚集的地方，我们热爱足球的同时也会组织球赛让更多人接触足球，喜欢足球。社团每年负责的新生赛是我们一年里最忙的时候。组织各院参赛、培训裁判、拍摄照片、整理战报等都是我们足球社来负责。尽管事务繁杂，琳琳姐也一直鼓励着我们，圣诞节的时候还给我们每个人送了平安果和贺卡。

  当然除了琳琳姐，社团里对我帮助很大的还有范瑶函学姐，社团换届之后我成了副社长以及之后的社长，这期间瑶函姐一直悉心指导我的工作，筹办比赛的方方面面都很复杂，但瑶函姐都一一与我细说，遇到很多问题时瑶函姐也都有办法帮助没有经验的我解决。忘记说了，瑶函姐还是我们农大女足校队的队长，是真真正正热爱足球的一位大姐姐，不仅球技精湛，而且非常努力，除了平时的球队训练还要顾及社团以及自己的学业，因此我对她也是非常尊敬。

女足比赛

中国农业大学女子足球队和足球社也有着千丝万缕的联系。在2016级范瑶函学姐的牵头下，女足队正式成立，并且由范瑶函担任队长。一直以来，足球社都十分支持女足队的发展和壮大，也吸引了许多感兴趣的女同学加入。李琳学姐作为足球社社员，同时又是女足队初代成员，向我们分享了女足队的故事：

校女足建立的初期，由于我是校队较早一批队员，又有足球社工作经验，便被推举为女足队委，与足球社合作负责招新宣传。后来有不少热爱足球的女生既是校队成员，又是足球社一员。我们作为足球社与校女足联系的一个桥梁，通过足球社的公众号等平台，向更多同学传递了体育竞技的快乐以及农大女足的一些比赛赛况。在这里很感谢足球社一直以来给女足的支持与帮助，见证了农大女足的一路成长。

再让我们随着足球社前书记的回忆娓娓道来：

我是中国农大校女足队第一任队长范瑶函，也是第一届CAU足球社的副社长。校女足队于2017年底正式成立，校女足队的成立与足球社紧密相连。2016年9底，我刚入学时，发现学校里没有女足校队，对比蓬勃发展的校男足队、校篮球队、校橄榄球队，我萌生了建立一支校女足队的想法，让喜爱踢球的女生有朝一日也能穿上农大战袍，用自己的兴趣爱好为校争光。

但是空有一腔壮志，却难以找到实施的方向，球队最重要的部分——队员在农大校园里却实在难寻。就在一筹莫展之际，烟台学院、与我同是大一新生的苏航找到了我，他向我诉说了他想创立足球社的想法，同时他也有意在校园里发展女足，听说我一直心系校女足的组建，特意找到我，邀请我加入足球社，和他共同建设农大的足球社团，发展校园足球文化，为校女足队的组建提供全力支持。

在2016年12月的一个夜晚，我们与其他几个足球爱好者一起，在果粒风暴饮品店举办了足球社的第一次会议。随后，足球社便紧锣密鼓地开展了一系列活动，如举办校内新生足球赛、举办女足活动等。组建校女足队所需的第一批队员就在这些活动里一步步地被发掘和认识，组建之路迈出了一大步。2017年10月，我所组建的女足队终于在学校屈珊珊老师的指导和带领下，登上了北京市大学生足球比赛的舞台，第一次穿上胸前印着"中国农业大学"的球衣，我明白，身后是无数农大足球人的支持和期盼。

除去比赛，女足的宣传也需要许多帮助，由于当时学校内踢球的女生很少，我们只能通过吸引在校生参加足球活动来使她们产生对足球的兴趣，同时对于开展的足球活动要多做宣传。这时候足球社的各个社员们都十分积极肯干，对于写推送、做海报、发传单，大家都不遗余力地去做。足球社社员大部分是小伙子们，看着他们远赴北邮电、北师大的比赛场地给球队写战报、摄影，看着他们来西区拿着小黑板举着"女足招新"的招牌，以及不遗余力地在朋友圈转发每一次女足活动或者比赛的推送，我都在心里默默地感动着。我相信，是这份对足球的热爱让我们团聚在足球社，也因为足球社各种活动，让我们有了共同努力的目标。

如今，校女足队成立已有三年多的时间，而足球社也进入了第

赛场上的女子足球队员

四个年头。我担任了两届足球社副社长，组织举办了两届新生足球赛、带队打了三年的北京市比赛，我从足球社和校女足队中获得了许多，也充满热切地期盼它们越走越好。

　　谈起社团内的回忆，诸位社团前辈提及最多的字眼就是"帮助和支持"。的确，虽然足球社建立时间较短，没有其他社团那样光辉的往事，但所有同学因为共同的兴趣聚在一起，尝试着将这项运动的魅力传播开来，本身就赋予了社团无与伦比的凝聚力。在社团的工作中，大家互相帮助，互相支持，从简单的小白爱好者成长为能处理各项足球相关事务的社员。回望那片小小的绿茵场，承载的是足球社的每一位同学挥洒汗水，发光发热的故事。

（作者：彭子成、范瑶函、李琳、杨飞月）

当球抱在胸口时我感受到了心跳

　　我最开始接触橄榄球是在大一下学期，当时只是加入了院队，真正开始打橄榄球是在余老师的橄榄球基础课与院队训练中。一开始我是对橄榄球抱着试一试以及无所谓的心态，但是玩多了我发现自己对橄榄球上瘾。除了上课还有训练，有时手痒了还会和同学一起去操场练练手。经过一些比赛，我发现自己越来越喜欢橄榄球，非常享受和队友一起奔跑、达阵……很庆幸我能在大学能接触到橄榄球，很幸运我有那些超棒的队友！

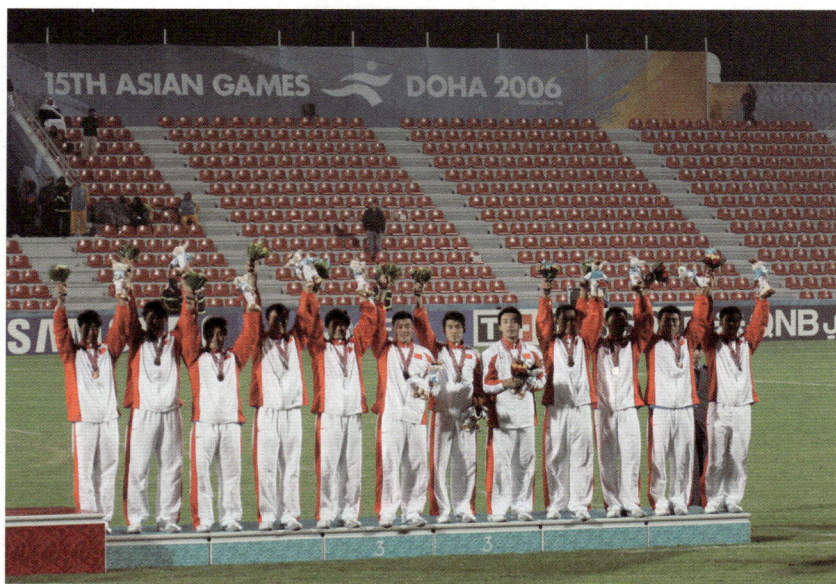

2006 年 12 月 11 日，以中国农业大学橄榄球队为班底的
中国国家队在多哈亚运会上获得铜牌

难得的一个失眠夜。大概是咖啡因作祟，明明身体很疲倦，大脑却依然保持清醒。下午绿茵场上自己的失误画面一帧一帧地闪现，伴随着比赛胜利的欢呼声，真是一种奇异又满足的感觉。

邂逅

回想起刚入农大的时候，我还并不知道农大在1990年成立了中国大陆的第一支触式橄榄球队，有着悠久的触式橄榄球历史。那时，我对于橄榄球的认识还停留于大部分人的观念中——"NFL"，一群体格健壮的人进行极具冲击力地撞飞、争夺，那种上身穿满盔甲的碰撞运动，心觉刺激却距离遥远，完全都不知道还有触式橄榄球一说。

橄榄球比赛

认识触式橄榄球其实算是机缘巧合吧，刚好有同学牵线搭桥，我就去跟着院队训练体验了一把。当时有学长学姐介绍比赛规则，还让我们尝试去扔和接橄榄球。不置可否，我首次接触橄榄球，就被它深深吸引了，游戏形式十分有趣，既考验团队协作能力又考验个人灵活度。现在细细想来，应该是这项运动所内蕴的"绅士的暴力美学"，才让我不断着迷于学校的那片绿茵，尽情地放飞着自由奔跑、追逐、躲避和冲刺的灵魂。

心态

接触之后，我在第二个学期当机立断选择了触式橄榄球基础课，其中最令我印象深刻也是当时备受大家喜爱的课堂后半段的组队打球。通过打球我们一边加深基础性套路的练习与应用，又一边发现问题并寻求更合理的打法，经常两边队伍打着打着就停下来对一个放球姿势或是一个规则进行争论后继续打下去。当时，我和一个在课堂上结成同盟的小伙伴经常同三个学长组成一队与其他人抗衡，虽然每周一次，但是由于在课堂上的配合练习让我们几个人都找到了自己合适的位置也慢慢打出了默契。不过当时我对橄榄球的态度仍然是玩一玩的感觉，从没有想过它会融入我的生活。

但真正让我决定要认真对待橄榄球的契机，是我参加的第一次校赛。

那一年秋季赛的第一名是信电学院队。他们人员众多，不仅有经验丰富的老将，还有大批新鲜血液；他们的技术一流，配合到位，攻势凌厉，防守严谨。尤其是当时还未毕业的李学长，给了我极大的震撼。一次次战术指挥，一个个鱼跃得分，如此霸气，如此耀眼。他以一己之力拿下了全场绝大部分得分，不仅帮助信电院队取得第一，自己也拿到了最佳男球员这一奖项。而我们院队，虽然学长们的实力也很强大，但因为那几年来我们一直没有招来太多新人，导致人数缺乏，下午的几场较为关键的比赛基本都是仅有的几个比较有经验的学长轮番上阵，使得他们无法得到有效的休息，体力上的透支也让他们的实力被打了折扣。虽然最后成绩不是很理想，但是队伍中的每名队员都拼尽了全力，我们没有遗憾也没有泪水，只有吸取经验，一步一步往前进的精神。我们一起期待着，期待着赢球时的喜悦，期待着输球后的苦练，还期待着与队友再一次冲向那终点的那份感动。

多巴胺

　　不经意间，我开始期待每周的训练时间，开始享受打球的愉悦感，开始爱上球队的氛围。逆风奔跑带给我的快感，与队友不经意间对视的默契，触地放球得分的一气呵成，简直不能再解压了，触式橄榄球是我持续快乐的源泉。

　　其实我的第一次得分还挺意外的。比赛当天，尽管有了上场机会但也是在旁边的位置看着学长学姐冲锋陷阵，自己只是毫无感情地来回跑动。突然，电光火石之间，一个学长持球朝我这边跑来，我下意识拉开一点距离与纵深，随后时机成熟时学长就把球传给了我，我顺势将球放在地上，得分！这是我在正式的橄榄球比赛中第一次得分，也是第一次参加这样的比赛，按道理我会信心大增，相信自己能够在比赛中得更多的分。但是我并没有为此有太多的兴奋，因为我知道自己实力还远远不够，与学长学姐的实力过于悬殊，想打好橄榄球还有很长的路要走。第一轮的比赛结束了，当然是我们轻松获胜，但是下一次的比赛会非常艰难，将要面对的都是往届的强队。来到第二轮的比赛，经过激烈的角逐，我们惜败给了强队。我也是在这里真正看到了强队是怎么打好橄榄球的，战术有效实用、队员执行力强、速度与反应都快，传球准接球稳……这一切都是我所羡慕而目前没能具备的能力。虽然输了比赛但是我们仍然有竞争冠军的机会，前提就是后面的比赛都不能输掉。最终经过与强队的再次鏖战，我们赢了，我们拿下了冠军！这次比赛的经历让我有了玩橄榄球的信心，让我有勇气走向要求更高的位置（link 位与 middle 位），更让我明确自己还有很多地方需要提升，尤其是传球等一些基础的东西。

信念

"这边，这边！左边有机会！""右边套了一个！快补上！"今天是久违的校内赛，比赛分为上午小赛，下午是半决赛与决赛，我们在上午遇到了实力稍逊的生院队以及劲敌动动草队。经过激烈的比赛，生院轻松拿下，动动草艰难"嚼下"。下午与工院争夺决赛的门票，而工院是院际赛常年的冠军，这一仗必定艰难。但是在资环队众多大佬的努力下，我们赢下了通往决赛的门票，而面对的对手是动动草队。这一次我担心他们会不会减少失误，并针对性地运用战术限制我们的优势。果然，这一次他们的失误减少了很多，但是他们有一个致命的弱点就是上一场体能消耗太大，休息时间不足。这样一来，我们连得几分之后基本锁定胜局，尽管后面丢了一分。

这一次，我们是冠军！这一次我真的很高兴前面的努力没有白费，赢得冠军是对我们最大的肯定！我很庆幸遇到了这样一群人，他们教我如何打橄榄球，陪我一起练橄榄球，一起努力在球场上赢得冠军！

脑海中突然浮现其他队长因为输了比赛躲在墙角偷偷抹眼泪的画面。钻石般珍贵的情感和信念，就算一个人星光微弱也会为大家照亮前路。还是睡不着，划开手机，屏幕光微弱，显示刚刚有人更新了一条动态：

凌晨2点37分，Dynamic Cats Cup 完赛后的夜晚。

我叫 XXX，生院橄榄球队的一名普通队员。

手边是刚到手的奖杯，眼前是刚关掉的屏幕。

室温23度，身上很舒服心里却感觉冷冷的。

是啊，我们今天经历了惨败。

我们最接近的时候，宣告结束的分针和刻度之间的距离只有0.01厘米。

5分钟后，我们输掉了那场比赛。

我原以为吃披萨和吃火锅不一样，原来失落的时候吃什么都一样。

我听别人说 Dynamic Cup 是有春夏赛季的，但我的记忆里只有秋冬。

传承与升华

每个学院都拥有属于自己的橄榄球队，每个球队都有自己的欢笑与泪水、喜怒与哀乐、成功与失败、热血与意冷，但是我们每个球队的名字前都有一个统一的称号：中国农业大学。历史赋予了农大橄榄球在中国生根发芽的机遇，一代代老师和教练为了中国和农大橄榄球事业的辉煌前赴后继，在绿茵场上挥洒青春与汗水，最终使橄榄球成为农大一张骄傲而又靓丽的名片。

橄榄队合影

作为学生，作为热爱橄榄球运动的千禧一代，我们终将会接过这一充满荣耀的接力棒。很幸运，在这里我们获得的比我想象得更多，善解人意的前辈们和互帮互助的队员们都成了珍贵的记忆和财富。我们从前辈们手里接过这颗球，而今又将它传递在我们身后新的孩子们，把触式橄榄球所有关于运动、关于青春的可能性都交在他们手中，希望他们成就自己的触式橄榄球运动，这就是传承吧。在今后可期的未来里，农大橄榄球必将因传承而更加熠熠生辉。

（作者：谢炎杰、李　璐、刘昱岐、
　　　　黄昕阳、江依然、高绍骐、
　　　　李厚德、张有倩、杨　路）

旌学社

——退役不褪色，迷彩心中驻

如今，各高校国防教育类学生社团作为学校社团的重要组成部分，是推进高校国防教育的重要力量，对培养大学生的爱国主义情怀，激发大学生参军入伍、报效国家有着重要意义。中国农业大学旌学社是一个以在校退役大学生士兵为主的学生社团。围绕学校征兵展开工作，为大学生入伍和退伍士兵返校提供经验指导，同时传播军旅知识，传承责任、荣誉、奉献的爱国情怀。

说起旌学社，就不得不提到国旗班。与别的高校不同，我校学生社团中有两支宣扬国防教育的主力军——旌学社和国旗班。国旗班素来被称为"农大第一班"，历史较长，纪律严明，训练刻苦，他们作为社团中的佼佼者，多年来斩获无数校内校外的奖项，备受瞩目。既然有国旗班为什么还要成立旌学社呢？这和我校征兵工作的开展和在校退役大学生士兵群体的壮大有着密切的关系。

随着国防教育的不断深入、国家强军兴军对高素质人才应征入伍的迫切需求，如何号召更多有知识有技术有理想的大学生投身军营成为国家日益关注的话题，在学校的国防教育宣传中显然只靠国旗班的影响力肯定是不够的，部队生活是什么样的？部队的训练是什么样的？部队的纪律有多严格？作为普通学生社团的国旗班显然无法回答这些问题。而此时我校在校退役大学生士兵群体也越来越壮大，以前个别退役士兵的学业问题、社交问题、入党问题、考研考公问题等被集中放大，成了在校退役士兵的普遍性问题。以上两个难点问题的解决刻不容缓，于是，成立一个以在校退役大学生士兵为主体的社团的想法被提上了日程。

经过一两年的酝酿，2016年在武装部郭老师的指导下，文爽、阿卜杜塞米江、曹利民等前辈向团委提交了注册"旌学社"的申请。旌学社的成立将学校零零散散的在校退役士兵拧成一股绳，一方面将我们自己的强军故事，将最真实的军营生活讲述给身边的老师、同学和朋友，使得学校的国防教育有了鲜活的素材，极大地提高了我校国防教育的影响力，另一方面以社团的形式组织活动，一起讨论和解决问题，让更多入伍和退伍的学生感受到家的温暖，帮助他们更好的转变自己的角色，丰富自己课余生活的同时也丰富了校园文化，传递正能量。

我校征兵工作开始于2005年，刚开始的四五年里，参军入伍人数少的时候两三人，多的时候也只有七八人，但是从2010年开始发生了质的变化，2010年19名入伍的学生中4人考入军校，4人荣立三等功，获得"嘉奖""优秀士兵"和其他大小荣誉不计其数，从此掀起了学子浩浩荡荡参军入伍的潮流，之后的十余年时间里，每年都会有多则三四十人，少则近二十余人走入军营。截至2020年9月，我校共有249名学子圆梦军旅（含现役35名），其中17人荣立三等功，20余人提干和考入军校。北至漠河，南至南海，西至帕米尔，东至乌苏里江，同学们在祖国边疆用脚步丈量每一寸土地；海陆空、武警、火箭军、战支、联保，每一个兵种都有农大学生厉兵秣马、枕戈待旦的身影；演习对抗、治安维稳、狙击比武、后勤比武、侦察通讯比武、知识竞赛、文艺演出……每一个舞台都有农大青年强军兴军的足迹。

我和旌学社的故事是从2017年开始的，那时候我在校等待入伍，在一次给武装部老师帮忙的时候见到了退役一年的文爽、阿卜等学长学姐，加上之前结识的自己学院的曹利民学长，在我服役期间也经常就各种问题向他们咨询，有时候发朋友圈宣泄的时候他们也总会给予恰当的鼓励。

旌学社同学协助教官军训

　　2019年我们这届相继退伍回到学校，说来也巧，我是9月1号下午回到学校的，刚到宿舍楼下时就看到阿卜学长带着当年在役前训练的男生去食堂，我还和他们简单地寒暄了几句。随后在老师和学长们的指导下陆续办完各种手续，静下心来，捡起陌生而又熟悉的课本，和身边完全陌生的同学继续完成学习之旅。

　　2020年的夏季，因为小学期的原因我提前返校，有一天晚上我在操场便遇到了正在带着即将入伍的学生练体能的景山学长（旌学社第三任社长）。因为疫情，学校的退役士兵都不在学校，所以学长就一个人担起了役前训练的重担。见到我回来，便问我有没有意愿带他们完成接下来几天的训练，我二话没说就答应了。我和旌学社的故事也就是从此刻开始走向高潮。

　　役前训练我已经带了两次，这真的是一件充满成就感和收获感的事情。学校是从2018年开始有役前训练的，报名征兵的同学从体检开始就需要完成早操和下午的体能训练，主要目的就是通过这样的形式，利用退役士兵群体将真正的军营生活、军营故事展现给新同学，让他们未来能够更好地去适应军营生活，同样也能够让刀枪入库、马放南山的旌学社成员更好地发挥自己的余热。每次教官们都积极主动地把自己学到的精髓、总结的经验传授给他们。几年的摸索过来，不管是教官还是新同志们，都从役前训练中收获到了很多。役前训练在旌学社的传承中也起着非常重要的作用，通过役前训练，增强了每一届入伍士兵的情谊，散是满天星，将来退伍回到学校聚起来的时候定会是一团火。

旌学社的另一项重要工作是负责学校的军训。2020年是我校史上最大规模的一次军训，也是首次东西校区同时举办军训活动，武装部毛明老师刚转业到学校，首次负责军训活动，报名助理的旌学社的退役士兵们也是首次参与，就这样师生同心，一边摸索、一边学习、一边进步，圆满完成2020年的军训任务。在军训的两周时间内高年级同学已经开始上课，我们一边要完成自己的学业，一边要排班完成学校聘请教官的保障工作、完成军训的检查、突发情况的处理、军理课的抽查，晚上还要加班完成当天材料的汇总以及各种琐碎的任务。我曾经担任院学生会体育部部长，在学生工作方面也算是有一定的经验，但是当真正把眼光放在全校时候，明显的无力感席卷而来，好在有身边的这帮兄弟们一直在共同面对，一起想办法解决了一个又一个的问题。

旌学社是围绕着退役大学生群体成立的，每年的工作也主要是围绕征兵、退役和军训三大任务展开，但是作为一个社团，尤其是想要长久发展下去的社团，这些终归是不够的。在旌学社成立之初，前辈们不断地摸索，也曾尝试着去融入学校的其他社团，参加团委的各种活动，参加"百团大战"进行招新，但是由于社团的特殊性，非退役士兵的成员无法去融入这个集体，大多数在校退役士兵回来都已经是大三大四，忙着去完成战士到学生角色的转换，去适应学校的新同学新老师，去重新啃课本知识，去考研去就业，平时的时间很难去兼顾社团的一些活动。在第一届前辈们陆续毕业以后，在校的退役士兵数量出现了阶段性的断崖，旌学社的工作也是一度陷入了僵局。直到2019年我们这届二十余人返校以后，才重新为这个集体注入了新的血液和活力。

旌学社同学合影

　　如何把旌学社在学校层面宣传出去一直是我们的难题，我们前后向学校提了很多为入伍和退役士兵做风采收集和展示的方案都没有通过。2020年是我国实行"两征两退"政策的第一年，第一次春季征兵，当然宣传得轰轰烈烈，也是利用这个契机，参照很多学校的做法，在充分收集大家的建议以后，在各大校级公众号和用海报的形式第一次成功在学校层面为2020年退役的士兵们做了风采展示，并且取得了很好的效果。在老师的肯定下，我们打算将风采展示当作常态化的工作去完善，去落实，并且计划在退伍环节落实更具有亲切感的迎接仪式，进一步让我校入伍退伍学生感受到温暖，让他们在旌学社找到家的感觉的同时，也让学校更多的人去认识我们这个群体。

　　于征兵工作而言，我们有着悠久的历史，但是于社团工作而言，我们刚处于起步阶段。旌学社成员数量是受征兵数量这个不确定因素影响，每年除去烟台校区、毕业生、考学提干留部队的人以后，剩下的在校生数量寥寥无几，如何利用有限的人数去完善我们社团的组织建设，如何更好地利用社团来发挥退役士兵的价值，展现新时代革命军人的风采……我们还有很多的问题需要去思考，去解决，随着"两征两退"政策的实施和役前训练的不断成熟，相信以后的旌学社成员们肯定能比我们做得更好。

旌学社的社训是荣誉、责任、奉献，不管是已经走向就业岗位的前辈还是正在做科研和学习的在校生，或者是正在服役的士兵们，都一直在传播着这样的一种情怀。我校短短十余载的征兵工作中，涌现出很多新时代大学生强军兴军的先进典型。阿迪力·阿卜杜力、艾克拜尔·卡迪尔、单腾三位前辈先后荣获"海淀区优秀大学生士兵"称号，郭建全、阿卜杜赛米江·阿不都克里木、程梓宸三位学长先后荣获"北京市优秀在校退役大学生士兵"称号。他们是旌学社的骄傲，是我农学子携笔从戎，报效国家的有志青年中的佼佼者，更是新时代背景下大学生应征入伍、强军兴军的缩影。

郭建全学长是一名体育特长生，在校期间曾连续四年获得北京市高校运动会竞走项目前三名，连续三年获得学校一等文体奖学金，2015从中国农业大学经济管理学院毕业后应征入伍，服役于中国人民解放军西藏军区某部队，服役期间不怕苦累，刻苦训练，代表旅部参加西部战区"行军24小时，负重30公斤竞赛式实战演练"，获得通信有线兵专业个人综合成绩排名第一；在军事行动中获得个人三等功一次，嘉奖两次，并被评为"优秀义务兵"。

对于郭建全学长来说，携笔从戎是他大学最引以为傲的事情，尤其是在西藏当兵，更无悔于自己的两年青春。部队中对通信兵的印象是"无线兵磨破嘴，有线兵跑断腿"，而他就是常年在西藏高寒崎岖山头上跋涉的有线兵，在海拔5000米以上的严重缺氧环境下不断挑战身体极限完成军事演习基地任务，在他参加"行军24小时，负重30公斤竞赛式实战演练"时，气温是零下二十多度，呼出的哈气都会立马在防风围脖上变成冰碴，全旅部的荣光都在他的肩上，他只能逼着自己突破自我，最终不负众望获得通信有线兵专业个人综合成绩排名第一好成绩。

阿卜杜赛米江·阿不都克里木学长现在是动物科技学院的研究生，是旌学社第一批骨干成员，旌学社第二任社长，也一直是旌学社在校生的代表人物，曾服役于武警云南边防总队西双版纳支队，服役期间，获优秀义务兵、三等功等荣誉；退役复学后，一直担任武装部助理，先后完成2017年和2018年的新生军训和征兵工作，担任2019年国庆阅兵方阵教练，获学习优秀一等奖学金、学习优秀三等奖学金两次，优秀民族一等奖学金，优秀民族二等奖学金两次以及动科学院安尼优奖学金，被评为"北京市优秀在校退役大学生士兵"。

文能埋头苦读当学霸，武能厉兵秣马安天下是我们对他的评价。阿卜学长说："当兵就要到最艰苦的地方去，当兵就要当一个好兵。"新兵连还未结束，因工作任务的需要，他就已开始外出协助当地公安、法院、检察院等单位完成了三项任务。2015年还代表单位参加了全支队"中国梦·强军梦·我的梦"主题演讲比赛，并取得优异成绩。因为第一年的突出表现，初入兵营一年的他被评为了当年的优秀士兵。第二年，他已经成为战友眼中的"老人儿"，执行过不少任务的他在打击贩毒领域的相关工作中也已经逐渐掌握了要领。一位服役八年的老班长笑称，阿卜用不到两年时间学到的东西比他八年学到的还要多。在没有硝烟的禁毒战线上，说长不长，说短不短的两年服役期就这么结束了。

回到学校的学长把"不怕苦、不怕累"的革命精神用在学习上，积极参加各种校园活动。除了组织参与军训和征兵的相关活动外，他还组织完成一次历经两年的国家级创业实践项目，报名参加学校龙舟队和高尔夫球队，连续两年作为主力成员参加北京市比赛获得优异成绩，还成功将各类奖学金收入囊中，在大四成功拿到动科学院的保送研究生资格。现在的阿卜学长临近研究生毕业，正在为开启另一段生活而努力，相信他一定能够走出自己的精彩人生。

比起前面两位学长精彩的军营生活，程梓宸的故事则教会我们如何在和平的环境下当一名出色的大学生士兵。程梓宸现在是动物科学技术学院的大四学生，2017年至2019年服役于战略支援部队某基地，参加过国庆70周年阅兵选拔训练、保卫军委首长等重大活动，连续两年被评为优秀义务兵，并获嘉奖两次。在校期间，他担任旌学社副社长，2020年获"北京市优秀在校退役大学生士兵"称号。

初入部队，因为个头较高、训练优秀，下连队时他被分到了号称三大"魔窟"之首的警卫连，并成了纠察班的一员。如果说警卫连是"魔窟"之首，那纠察班就是"魔窟"之中的"魔窟"。作为全连"海拔"最高的班级，除了日常的警卫训练，他们还要担任更多的巡逻任务、各类仪式的礼兵任务以及首长的各类保障工作。

由于纠察任务的特殊性，正常都是由资历较高的老班长来担任的，但是他们单位除了班长副班长以外都是清一色的新兵，对于新兵而言，如何快速背下共同条令，如何礼貌地纠察比他们军龄大很多的军官、士官，如何完成营区巡逻任务，是一件非常困难的事情。据不完全的统计，一年里他们班级所有人的步数加起来可以绕地球三周。怀揣着勇争第一的劲头，他不仅充分利用课余时间背记，还在白天训练的时候回忆，更在晚上站夜岗的时候默背。到最终新兵要上岗的时候，他是班级中第一个背下所有条令的新纠察。因为背记条令较好，在不久后的新条令条例改革中作为纠察班的代表为全基地领导进行了新条令条例的示范讲解。在第二年的团级国庆70周年知识与条令条例竞赛中，获得了团体第一名。

两年中，程梓宸在应急防暴分队中担任小队长，同时也参加过多次大型演训任务，作为连队大学生士兵积极参加连队的政治文化建设工作，随消防应急分队参与过一次重大的灭火救援行动，作为解说参与了连队军级优秀基层单位的评选，最终连队被评为军级优秀基层单位。除了收获，他也留下了一些遗憾。

2019年是新中国成立70周年，从最开始判断一定会有阅兵的时候他就全力准备，在得知连队要推选参加重大任务的人员时，他第一时间就找上了指导员，还送上了请战书，决心要参加阅兵方阵。前期的努力非常重要，他顺利通过了初试和政审，成功参加初选训练。或许是缘分不够，在初选训练中因为退伍时间冲突等种种原因最终无缘走上长安街。

刚从无法参加阅兵的遗憾中走出来的他得知单位可能会举行一次军事技能竞赛，他又积极地投入到了技能训练中。因为天生手比较巧，加上自身每天像着魔了一样反复思索拆装枪更快的方法，他一次次地刷新了全站拆装枪的记录，随后参加枪械分解结合的特训小组，全面备战军事比武。这时又有消息传来，说军事技能竞赛推迟到了10月份，9月1日就要退伍的他再一次错失了参加的机会。

虽然自己没法亲自参加，但是他作为陪练员将自己的心得教给战友，纠正战友的动作，帮助连队战友在那次的比武中拿到了第一名的好成绩。

重返校园的程梓宸积极转变自己的心态，很快融入了新的集体，加入院橄榄球队并获得团体第二的好成绩，又作为主持人顺利主持元旦晚会。现在大四的他也刚刚完成了自己的考研之路，加油少年，未来可期。

旌学社每一个人都有属于自己的两年军旅故事，作为已经退役的在校生，我们正努力地将我们的所见所闻所感讲给身边的同学，虽然旌学社成立只有四五年，但我们相信，星星之火可以燎原，一代代人的努力下去，我们的故事一定可以为学校的国防教育添砖加瓦，以后每一个农大学生都会很自豪的和别人说，我们学校也有一群帅气的兵哥哥和飒爽的兵姐姐。

（作者：王义森）

下篇　岁月流金

在活动中播撒火种，担当责任，

从五四的爱国行动到建国七十周年的庆典游行，

跨越了一个世纪的光辉岁月。

校歌的创作，校徽的演变与校风校训的凝练，

一份报纸的诞生，一出话剧的排练，

一场场启迪人生、陶冶情操的名家讲座与艺术展览，

一回回点亮校园的灯光秀，

一次次走到乡村的科技服务与社会调研，

流金往事，充盈了农大人的心田。

赤色火种

——中国农业大学第一个党支部诞生记

在中国革命馆档案室中，珍藏着一张《剧目说明书》，演出时间为1919年6月，时值五四运动爆发，一大批爱国学生被捕入狱，北京农业专门学校为支援学生运动，在北京第一舞台举行了一场募捐义演，这张说明书就是当时演出的节目单。

时间回到1919年5月4日，赵家楼的熊熊大火成为爱国青年们最华丽表演的舞台背景，包括北京大学、北京高等师范学校、北京农业专门学校在内的13所高校的3000名师生成为这个舞台的主角，他们反对巴黎和会决定，汇集天安门，进行示威游行，掀起了反帝反封建的五四运动的序幕，知识精英们开始踏上救赎国家，救赎民族，救赎自己的道路，中国进入历史新时期。

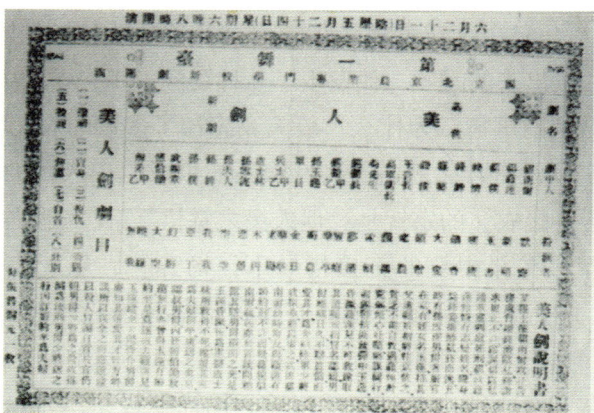

剧目说明书（义演节目单）

北京农业专门学校是五四运动的积极倡导者和参与者，包括农专学生罗家楷在内的一批学生被捕入狱，农专校长金邦正、农专全校师生起而声援营救。为了支援学生运动，农专学生发动捐款，仅6月初，农专学生捐款现洋80元，票洋40元，教职员捐款100元。在这场彻底的反帝反封建的伟大爱国革命运动中，北京农业专门学校始终站在前列，成为参与这场民族运动的先锋之一，也开启了学校的光荣革命传统。

五四运动之后，共产主义思想的传播开始逐渐驱散笼罩神州大地的阴云，"马克思主义"小册子也悄悄走进了当时的北京农业专门学校，并很快聚集起一批忠实信徒，他们开始接受共产主义萌芽思想，积极从事革命运动。当时北京农业专门学校东门外的洋槐林，成为这批进步分子集会的中心，也是北京共产主义小组的重要活动场所，无产阶级革命家邓中夏、陈毅、彭真都曾在这里开过会。1920年5月1日，北京农业专门学校学生创办了半月刊《醒农》。该刊是当时不可多得的政治性与知识性相结合的刊物。创办该刊是学校学生在当时进行农民运动的重要活动之一，学生们将救亡宣传转向农民。自1920年5月1日创刊，第一、二、三期出刊前都曾在《晨报》刊登出版消息及详细目录。在《醒农》创刊号中，《发行醒农的用意》一文可视为发刊词，其简明扼要地申明了该刊的发刊宗旨。文中写道："吾们在这新思潮膨胀时代，各种批评的，鼓吹的杂志，风涌云现一般出来的时候，就发生了几种疑问：（1）彻底解决不是少数人所能做到的事情，为什么一般人竟忘却了多数的农民？（2）空谈玄理于实际没有什么裨益，为什么不实事求是谋人民的福利？所以我们发行《醒农》的宗旨是'促人民之觉悟''谋农业之改进'。"

1921年，在邓中夏的直接指导下，杨开智、乐天宇、蒋子孝（字）成立了社会主义研究小组，在学校最早开始了马克思主义的学习与研究。在三人小组中，杨开智为组长，由于杨开智受到李大钊、毛泽东、蔡和森、邓中夏等人的影响，因而积极组织乐天宇等人参加了这一具有现实意义和历史意义的活动。杨开智在自述中写道：

"在北京农大求学时期，我常和邓中夏、陈为人、张昆第诸革命地下工作者会晤，我早有革命意识。"而乐天宇在谈到社会主义研究小组成立问题时这样写道："当时中夏同志的主要工作在工人运动方面，经常来往北京、上海、广州等地。他回北京时，必定要来农大出席小组会；他离北京时，也必定要写信来安排学习和工作。"

杨开智

社会主义研究小组成立以后，组员们一方面积极从同学中发展组织，另外还关注学校附近的进步农民和小学教员，坚持同群众打成一片，将宣传马克思主义的"小册子"散发到各个村庄，组员每天和附近的村民谈话，一批先进分子接受了马克思主义的启蒙，推动了北京第一个农村党支部的建立。

1922年2月，草长莺飞的季节，北京中老胡同公寓里，年轻的邓中夏正和来自北京农业专门学校的乐天宇、杨开智研究成立中国社会主义青年团北京地方北农大支部的事项。在原有的社会主义小组的基础上，依照邓中夏的建议，在北京农业专门学校建立社会主义青年团支部。乐天宇回忆说："1922年，邓中夏同志和毛主席、李立三同志等为成立全国铁路总工会等事回到北京，住在中老胡同公寓里，中夏同志打电话到农大宿舍嘱杨开智和乐天宇等同志去公寓谈了工作和学习情况，并指出就要成立中国社会主义青年团北京地方委员会，希望能在农大成立一个支部。"以农大社会主义小组为基础，新吸收李启耕同志、左士同志、胡求仙同志等共有团员八人，成立中国社会主义青年团北京地方农大支部。社会主义青年团农大支部建立不久，于1922年9月组织成立了"农业革新社"作为青年团的外围组织，经过社会主义青年团北京地方委员会批准后，开始进行工作。建立"农业革新社"的目的，在于团结与吸收进步学生参加社会主义青年团组织的学校改革运动、学生运动和农民运动。农业革新社成立后有两项具体任务：一是办农民夜校，胡求仙担任校长，农业革新社社员担任教员。在恭王寺办了一所农民夜校，参加夜校的农民有百余人。二是成立农专学生会，当年《晨报》做了报道，说农专学生自治会以"本互助精神，以砥砺学问，促进校务，及改造社会为宗旨""将来对于该校前途，定有一番大改革。"

晨报

北京大瓦窑村党史馆

　　农大的革命志士怀揣着振兴中华的报国梦，从一个个满腔热血的爱国青年，成长为马克思主义坚定的信仰者，在不断地探索追寻中找到了曙光，点燃了革命的火种，为我校历史上首个党支部的成立奠定了坚实的基础。1924年1月，中国共产党北京地委通知国立北京农业大学，吸收部分学校社会主义青年团团员为中国共产党党员，学校历史上第一个党支部正式成立，是北京高校中成立最早的中共支部之一。成立时，乐天宇同志担任支部书记，党员有十余人，到1926年发展到五十余人，党员人数最多时占在校学生总数的四分之一，在那个风云激荡的年代，他们不畏艰难、追求真理，开启了开天辟地的伟大征程。

　　农大第一个党支部成立后，就立即投入革命斗争，积极开展活动，领导师生进行了不屈不挠的斗争，并在斗争中不断发展壮大，他们在中国共产党的带领下，在革命熔炉的磨炼中，选择了为党和国家的事业奋斗终生，甚至不惜牺牲自己的生命。

从1924年至今，党组织始终在坚守，在学校历史上，清晰地留下了党的战斗、发展的足迹。

他们是赤色的火种，带给农大人接续奋斗的磅礴力量！

（作者：岳庆宇）

校歌诞生记

戴上我们的校徽，就怀揣一片绿色的向往。

走进我们的课堂，就走进田野金色的希望。

翻开我们的书本，就闻到五谷淡淡的清香。

走出我们的校门，就担起天下饱暖和安康。

……

每每重要会议、重大活动结束时，会场里都会响起校歌《金色的希望》那熟悉的旋律。伴随着圆舞曲明快舒展的节奏，那质朴而又富含寓意的字句，一次又一次直达我们的内心，一次又一次在我们心中荡漾起一种责任感和使命感。校歌已成为校园文化不可或缺的组成部分，《金色的希望》犹如精神图腾已经融入了我们的校园生活。

《金色的希望》诞生于百年校庆之际，说到它的源起，于我和我曾经的共青团战友们而言，是一段值得珍藏的青春记忆。当我试图找他们一起挖掘、还原当年校歌产生的过程时，发现时间过去了十六七年，其中细节大家大多记不清了，更多的是回忆起了迎接百年校庆那三年的燃情岁月。在《青春农大2005》画册里有一张老照片，那是当年以校歌名字为主题的"金色的希望——中国农业大学'百年华诞'文艺晚会"结束时，晚会主创团队沉浸在校歌优美旋律中的舞台合影，那满脸溢出的笑容定格了我们的青春与激情。

校团委干部在文艺晚会上

1995年两校合并成立中国农业大学，一直到2002年才实现两校区实质性融合，这时候学校提出了"齐心协力，改革创新，苦干三年，实现农大历史性跨越"的口号，只有苦干三年，我们才能以新的校园、学科以及师生的精神面貌迎接中国农业大学百年校庆。在这样的背景下，作为校园文化的主力军，校团委围绕增进凝聚力和激发活力举办了很多开创性的活动，完成了很多难以想象的任务，而我们几个人的潜能也被挖掘到了极致。

合校多年，还没有一首代表学校精神、被中国农大师生共同传唱的校歌，这是一件憾事。眼看百年校庆越来越近，校歌的问题也被提上了日程。在2003年学校的一次工作会上，时任校长陈章良正式提出：我们要征集中国农大的校歌。于是，征集校歌的任务自然而然地就成了团委2004年工作计划的重要内容。而当时的团委书记潘志华和分管文艺的团委副书记潘明则是具体执行者。

　　事关重大，不容懈怠。2004年4月校团委召开专门会议，对校歌征集活动方案听取了学生代表的意见，校学生会、艺术团团工委、广播台、挚友社以及部分学院的代表参加了会议。大家热情高涨，纷纷发表观点，表示校歌要体现我校的百年发展历史，反映我校的成果与特色，旋律要宜于传唱，具有广泛的流传性，适合不同年龄的人群演唱。有的同学建议歌词要求不要太详尽，有主要的基本要求即可，否则容易使创作者受限制；歌词中也应要求主观的内容不宜太多，还是要更多地从客观角度体现学校在发展历程中所取得的佳绩；建议网上投票以个人方式参与等。

　　完善方案后，随后在网上开展了面向校内外的校歌征集活动，经过几个月的广泛征集，组委会收到了几十份投稿，其中有在岗教师、在校生、离退休教师，也有一些校友以及社会热心人士的投稿。活动的开展营造了迎接百年校庆的氛围，引发了师生对母校历史和发展的关注，激发了大家的创作热情。活动评选出了其中的优秀作品，但当我们试图从中选定校歌时，却为难了，因为并没有让专家们认为各方面都满意的理想作品，或者立意不够高、没有体现出农大精神，或者过于方整、艺术性不强，或是只抓住了一个点，寓意不够全面。而歌曲又不同于物件设计，很难各取所长将不同风格的词曲融合。因此，从已征集作品中产生校歌的路径被斩断了。

　　转眼已到了2005年，离校庆的日子越来越近了。怎么办？再次征集有可能还是同样的结果。若指派人员完成，当时我校还没有可担此重任的艺术专业人才。如此，那就只有聘请校外的词曲专业人士来提供支持了。经时任校党委翟志席副书记批准和支持，我们开始启动外援模式。

　　大家认为校歌创作势必是先有词，再谱曲。经过一番考量，我们把目光投向了空政文工团的著名词作家石顺义先生，他的作品以朴实无华、贴近生活、真切感人而著称，所创作的军旅歌曲曾多次获得中宣部"五个一工程"奖、解放军文艺奖等，其中《说句心里话》《父老乡亲》《一二三四歌》《想家的时候》《兵哥哥》《白发亲娘》

等多首歌曲，在军内外被广为传唱，影响深远。石顺义先生作品的气质和笔锋与我们对校歌的期待很匹配。

经熟人牵线，我们联系到了石顺义先生。带着仰慕之情，潘明前去登门拜访了两次，结果跟一般想象中的剧情一样，第一次基本上是无功而返，被婉拒了。石顺义先生很谦逊，他在文工团的业务繁忙，加上对中国农大并不了解，所以石先生没有贸然应接。他的答复比较委婉：建议再找找别人，或者准备一些背景材料，再斟酌。还有一线希望，于是我们抓紧收集中国农大有关历史和特点的背景资料，那时的资料还不是那么齐全，比较零散，颇费一番周折。话说，也是经过了百年校庆之后，很多的历史、发展成果素材才得以很好的总结和梳理。

经过潘明第二次有准备的登门的一番软磨硬泡，石先生终于答应试试看，签了合约。大师一旦出马，后边的事情基本上就顺理成章了。没过多久，我们便收到了歌词初稿。6月2日，学校党委常委会暨校长办公会对校歌歌词进行讨论审议。这一版歌词朴实、清新，深入浅出，看似平淡，但有深意，几个动宾排比句，蕴含了农大精神所在，即使对照现时我校"双一流"的办学使命，也仍然是般配的。校领导们基本上予以认可，不过也有所顾虑：是不是过于简单直白？类似"书声琅琅"这样的词语多用于形容中小学生，对大学生是否合适？会后，校党委副书记秦世成叮嘱我们要与词作者好好沟通一次。

我们将学校的意见与石先生进行了反馈沟通，最终石先生坚持了原稿。石顺义先生推荐了同在空政文工团的作曲家张伟进行谱曲。一个多月后，我们收到了完整的校歌作品，其中有音频小样，包括伴奏和原唱两版，也有歌谱，包括总谱和分谱。音频小样是由专业的艺术团队录制的，圆舞曲的旋律欢快舒展，谱曲后演唱出来的校歌变得立体、丰满了，无论是思想性和艺术性都达到了很好的效果，这也打消了大家之前的顾虑。7月18日，团委潘志华书记和潘明副书记带着歌曲小样列席学校党委常委会暨校长办公会，令人惊喜的是，音频播放一遍，便获得了校领导的一致赞赏和通过。

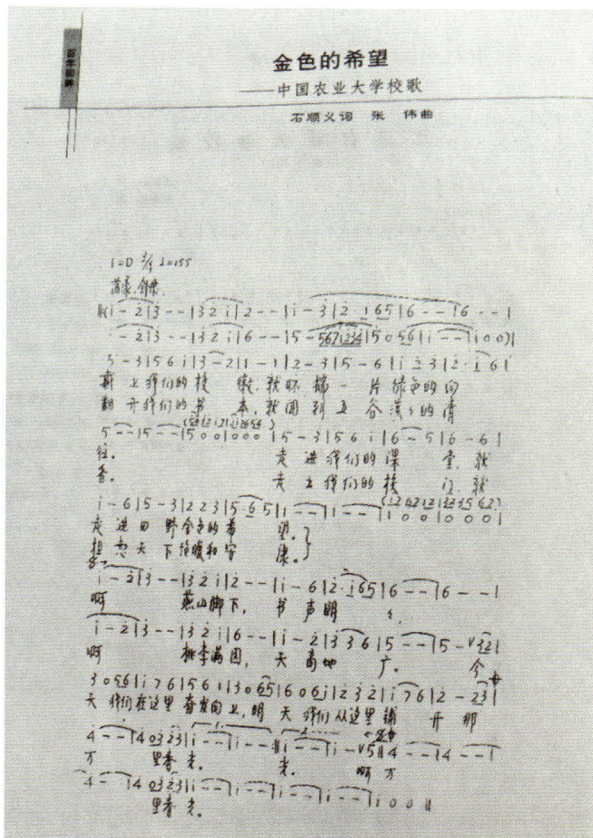

金色的希望简谱

　　至此，中国农业大学校歌诞生了，中国农大一百年来的文化积淀和精髓终于通过它有了具体的体现。但是，歌曲要唱出来才能成为歌，校歌只有广为传唱才能有生命力。于是学唱校歌便成为百年校庆系列活动中的重要一项。为便于广大师生、校友传唱，学校新闻网转发了校歌歌词及标准演唱版，供大家欣赏、下载。9月5日新学年开学第一天，校团委召开了新学期第一次工作会议，会上潘志华书记提出"积极动员全校同学全力支持百年校庆、兴起学习校歌的高潮"的号召，要求持续在全校范围内开展"立志养德、爱国荣校"的主题教育活动，把"学唱校歌、唱会校歌、唱好校歌"落实到基层团组织、学生社团、班级等各学生组织中去。

教唱校歌

　　各学院、各级组织纷纷响应，以唱校歌的实际行动支持学校百年校庆，促进校园文化的提升。一时间校园里到处充满了歌声，"金色的希望"撒遍百年农大：广播台循环播放校歌，校、院开学典礼中增加展示和学唱校歌环节，校合唱团队员深入所在班级教唱校歌，学院中秋节晚会上进行班级间的校歌比赛……对于学唱校歌这件事，同学们是这样说的：

　　我是合唱团的队员，我有责任教会我们班的同学唱校歌。这也是我对百年校庆的祝贺。

　　校歌包含了一个学校的精神，同学们唱校歌唱的是一种热情，我希望我们班的每个同学都能唱出这种热情。

爱我们的学校，就从唱校歌做起。也许我们唱得不是最棒的，但我们唱得是最用心，最深情的。

9月16日上午，在人民大会堂隆重召开的中国农业大学建校一百周年庆典大会，在响彻全场的《金色的希望》声中落下帷幕。一名校友说："在人民大会堂听到中国农大校歌唱响，那欢快激昂的旋律，也仿佛让我看到了中国农大金色的未来。"

是的，金色的希望，寓意深远，象征取得累累硕果的百年农大焕发出青春光彩，令人充满信心和希望。中国农业大学校歌是学校办学理念、校园精神和学校特色的集中体现，从2005年传唱至今，《金色的希望》已深入人心，成为农大人的精神宣言，激励着我们昂扬向上、砥砺前行。

弦歌不辍，耕耘不止。

今天我们在这里奋发向上，明天我们从这里铺开那万里春光。

（作者：林涵）

校风校训诞生记

　　中国农大在百年校庆前夕，经广泛征求师生意见，决定采用"解民生之多艰 育天下之英才"作为新校训。"为民""育才"成为这所百年名校教书育人、服务社会的座右铭。百年农大为什么要以"解民生之多艰 育天下之英才"作为新校训呢？

　　时任党委书记瞿振元说，校训是一所大学独立思想和传统精神的集中表达，体现了一所学校的办学传统和特色，代表着校园文化和教育理念，是人文精神的高度凝练，是学校历史和文化的积淀。农大建校百年来，从最早的"教民稼穑"到后来的"博大精深"，都体现了不同历史时期学校文化精神的核心内容。

　　"稼穑"一词出自《诗经·魏风·伐檀》："不稼不穑，胡取禾三百廛兮？"毛传解释说："种之曰稼，敛之曰穑。"用现代汉语翻译，就是种植叫"稼"，收割叫"穑"。"教民稼穑"通俗说，就是懂得种植庄稼的人教不懂种植的人怎么种植庄稼。相传这源自上古神话，神农氏教民稼穑。起神农氏，大家都知道，他是远古时伟大的农业之神，发明了许多耕田的农具，教百姓学会了种庄稼。传说神农的样子长得很怪，牛的头面，人的身子。这或许是因为，他在农业上也像几千年来帮助人类耕种的牛一样有突出的贡献吧，才被人们想象成这个样子。神农考虑到，大地上的人口越来越多了，光靠打猎、捕鱼、采集野果野菜，吃的东西会一天比一天困难。于是他想，要是能够把"种子"种在土里，让它长出果实来，给大家做食物，那该多好啊！想到这儿，他就把树木砍下来，制做些犁子、镢头和人们一道开垦荒地，预备播种百谷。可是哪儿有百谷的种子呢？

有一天，天空晴朗朗，忽然纷纷扬扬降下了许多百谷的种子。神农带领人们高高兴兴地把种子搜集起来，种在新开垦的土地里，不久大地长出了绿油油的禾苗。秋天百谷获得了丰收，从此人们不再为食物而发愁了。

由此可见，立校之初，我们选用"教民稼穑"作为校训，真是再贴切不过了。所以，一直到现在，西校区的校园里还立有神农氏的雕像。

一所老牌学校的校训，为我们打开其历史文化之门提供了一把金钥匙，也为我们眺望其精神家园打开了一扇窗户。

北平大学农学院校门（20世纪20年代）

1949年9月，新中国成立前夕，中央人民政府正式发文成立北京农业大学。1952年，中央教育部在高等学校教师思想改造的基础上，根据以"培养工业建设人才和师资为重点、发展专门学院，整顿和加强综合大学的方针"为原则，在全国范围内进行了高等学校的院系调整工作，北京"八大学院"由此应运而生。在这次调整中，北京农业大学的农机系和森林系被分离出来，分别成立了北京农机学院（北京农业工程大学）和北京林学院（北京林业大学）。1995年，为响应中央号召，北京农业大学和北京农业工程大学合并组建中国农业大学。

新组建的中国农业大学选用什么校训呢？有人认为应该坚持用"教民稼穑"，有人认为应该更加兼具时代特色。大家各执一词，一时间难以下定论。就这样酝酿讨论了几年。直到2000年11月，根据我校各个历史时期有关校风、校训的不同表述，结合新的历史时期赋予校风、校训的新的内容，在征求师生意见的基础上，将校训概括为"博大精深"。

"博大精深"出自明代姜世昌《〈逸周书〉序》："迄今读书，若揭日月而行千载，其博大精深之旨，非晚世学者所及。"按字面意思讲，其意是形容思想和学术广博高深。《现代汉语词典》释义为多用于形容理论、学识、思想、作品等广博丰富，深奥精微。在校训释义中这样解释："博"指以开阔的眼光、开放的心态博采众长。"大"指心胸宽广，抱负远大。"精"指精益求精，学问精纯。"深"指学力深厚，研究深入。"博大精深"既是对学校整体发展的期待，又关乎每一个农大人的求知与做人。

中国是农业大国，自古以来都以农立国，五千年的农耕文明形成了源远流长的优秀民族传统文化。"博大精深"积淀着中华民族最深层次的精神追求，包含着中华民族最根本的精神基因。另一个层面，中国地大物博，物产富饶，学校希望广大师生在广袤的祖国大地上做文章，赓续千年文明，谱写大地之歌。因此，这一时期，以"博大精深"作为校训也较为恰当。

校训不仅是大学的精神，它还反映一所大学的学术传统和办学宗旨，也深刻砥砺着一代代学子的品行。它既是一个学校办学理念、治校精神的反映，也是校园文化建设的重要内容。进入新世纪，祖国大地发生了翻天覆地的变化，我们的社会主义建设事业蒸蒸日上，各行各业呈现出百舸争流、千帆竞进的欣欣向荣景象。此时，作为高等教育的中坚力量，各个大学的发展也进入了新阶段。于是，在2005年百年校庆前夕，对新校训的呼声也越来越高。

经过广泛的走访调研、征求师生意见和专家评审，最终学校确定了以"解民生之多艰 育天下之英才"为新的校训。

新校训取自屈原《离骚》中的名句"长太息以掩涕兮，哀民生之多艰"，其中所寓含了深沉的忧患意识和强烈的社会责任感，几千年来一直感动并激励着中国知识分子为国为民殚精竭智。"民生之多艰"是中国的农情，也是中国的国情，中国农大以农立校，国富民殷、强农为本，是中国农大百年不变的追求。数代农大人情系乡土，忧患苍生，为实现中国人千百年来的温饱和富庶之梦不遗余力。以"解"代"哀"，以此为己任的大气取代了原句中的悲戚之气，恰切地表现了中国农业大学有别于其他高校的独特性。

以"育天下之英才"接"解民生之多艰"充分体现了中国农大作为农业高校首府的教育特性，磅礴有力、气势不凡，上合我校百年深厚历史，下启建设世界一流农业大学的世纪雄心，以育"天下"

校训墙

英才为乐，也体现了中国农大开阔的胸襟和远大理想。

国富民殷、强农为本。解民生之多艰，育天下之英才，是学校百年不变的追求。数代农大人情系乡土，忧患苍生，为实现中国人千百年来的温饱和富庶之梦不遗余力，与祖国和人民保持着最紧密的血肉联系，形成了学校特有的勤勉持重、爱国忧民的精神传统和严谨求实、厚德博学的办学传统。

今天的中国农业大学，以习近平新时代中国特色社会主义思想为指导，以培养"三农"人才，提升农业科技水平为己任，保持农业优势学科，发展多种新兴学科，同瞬息万变的世界紧密相连，与日新月异的科技同步发展，朝着建设中国特色、农业特色的世界一流大学目标阔步迈进。

说完校训，我们再来说校风。校风即学校的风气。校园精神文化建设是校园文化建设的核心内容，也是校园文化的最高层次。体现学校人员精神面貌，体现在教师的教风、学校干部的作风、各班级的班风、学生的学风上，还存在于学校的各种事物和环境之中。良好的校风既是教育和管理的成果之一，又在教育和管理上具有特殊的作用，它有一股巨大的同化力、促进力和约束力，是一种精神力量和优良传统。

中国著名的马克思主义教育理论家杨贤江曾经明确指出："校风是一个学校内的

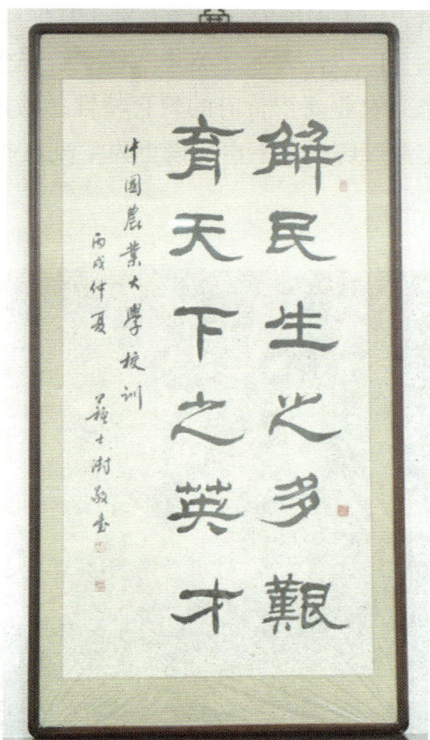

校训

人物在各方面生活上所表现出来的一种态度和趋向。所谓人物是：校长、教职员、学生、校役等；所谓各方面的生活是：学艺、健康、社交、服务等；所谓态度及趋向是：适合时代、环境及他种情形的要求等。由这种种要素融合成的'空气'，就是所谓的校风。"不同时期的校风受不同历史社会现实、经济状况和政治环境所制约。

我校在新中国成立以前的校风已不可考。新中国成立以后，学校曾以"严谨 求实 勤奋 创新"作为校风。

"严谨"词出宋欧阳修《尚书工部郎中欧阳公墓志铭》："君讳载，字则之，性方直严谨。"现多用来形容态度严肃谨慎，做事细致、周全、完善，一丝不苟，追求完美。用"严谨"来形容学校的治学态度，也是十分贴切的。

"求实"就是讲求实际，客观地或冷静地观察以求得对客观实际的正确认识。意在告诫师生做学问不可弄虚作假，异想天开，要脚踏实地，实事求是。

"勤奋"源自唐代韩愈《进学解》："业精于勤，荒于嬉；行成于思，毁于随。"唐代白居易在谈治学时也说"慎而思之，勤而行之。"就是告诫人们学业由于勤奋而专精，由于玩乐而荒废，因此要认认

2001 年，春季运动会开幕式上，同学们在表演时展示校风

真真，努力干好一件事情，不怕吃苦，踏实工作。

随着社会的发展，"严谨""求实""勤奋"被越来越多的应用在各行各业，越来越成为大众的、放之四海而皆准的词语，尽管它们寓意深刻，内涵深厚，但因其"撞脸"的概率也高，新校风的呼声越来越高。

2000年11月，经过学校广泛调研和师生投票，学校决定将"团结、朴实、求是、创新"作为校风，沿用至今。值得一提的是，新校风保留了"创新"一词，彰显了学校以"改革创新"精神，推动学校由"跨越式"发展转向"内涵式"发展。

"团结"原意主旨是为了集中力量实现共同的理想或任务而联合起来。这里主要是指我们要有团结合作的精神风貌，就是要通过共同理想、共同目标凝聚广大师生员工信念，在学校中形成自由的学术氛围、和谐的人际关系、良好的协作机制，共同推进学校事业的不断发展。

"朴实"原意主旨为质朴诚实、纯真朴实。这里是寄寓我农大学子继承民族优秀品质，在教学科研工作中做到朴实无华，体现出农大百年积淀的精神，这是农大建设与发展的思想基础。

"求是"一语，最早见于《汉书·河间献王传》。唐代训诂学家颜师古曾注释为："务得事实，每求真是也。"所谓"实事求是"就是指人们在占有大量、全面、系统的事实材料的基础上，研究和探索进而发现其中包含的客观规律性。"求是"就是要去粗取精、去伪存真、由此及彼、由表及里，尊重事实，真正把握事物内部的客观规律。

"创新"是现代科学精神的精髓。它被称作是一个民族进步的灵魂，是国家兴旺发达的不竭动力。创新是发展的动力和教育的灵魂。农大校面临各种挑战与机遇，应力求以新的体制和机制，培养造就新型的创新创业人才；要求广大师生员工以创新的观念、创新的思维开展科学研究和教育，发展创新成果和培养创新人才，促进学校跨越式发展。

　　显然，校风是与"时代趋势、社会环境和各校自身的特种需要"紧密相关，鲜明地体现着时代精神。

（作者：欧阳永志）

徽黉农大

2020年国庆节期间，我特意跑到中国园林博物馆，看了一场"恰同学少年——校徽上的大学记忆"的展览。

这是甄选了一千余件校徽、国内首个以校徽为载体，展现大学百年发展史的主题展览。从中国大学校徽的起源开篇，纵览百余年来中国大学发展的历史脉络，呈现出中国高等教育与国家、民族的命运唇齿相依、休戚与共的紧密联系，既具有重要的史学价值，又具有深刻的教育意义。

不过，我看了之后却稍有遗憾，在那么多的校徽中却鲜有中国农业大学校徽的踪影——除了一枚常见的"中国农业大学"校铭徽章，再就只有一枚"华北大学"徽章与农大有关联了。

"戴上我们的校徽，就怀揣一片绿色的向往。"大家都知道，中国农业大学的校徽（图1）基本色调是"生命绿"，以植物的色彩，体现农业特点，象征生机勃勃蓄势待发。整体外形则是代表坚固、稳重和持久的盾形；同时，也是锹和犁的形态，体现培养人才的治学理念。整体外形上表现出"顶天立地"，上部象征进取和开放，下部表现面向社会的办学主旨。

校徽的主要元素中，以手绘农科大校门和"1905"表示学校始源；以托举状的麦穗寓意托举农业未来的重任；麦穗和齿轮代表农科和工科；书本图案代表传播知识、培育英才和美好未来。

就像农大校歌唱的那样："戴上我们的校徽，就怀揣一份绿色的向往……"校徽是一所学校的象征与标志之一，一枚小小的校徽可以非常直观地展现出学校的发展变化，促使万千师生、校友拥有强烈的身份认同感和归属感。

其实，在中国农大一百多年的发展历程中，校徽一直在"变形"，今天让我们一起来看看不同时期的农大校徽，重温那些徽黄农大，"徽"映青春的旧时光。

这是国立北京农业专门学校（国立北京农业大学）时期（1912—1927年）的"北农"徽章，从当年的老照片来看，应该是一枚帽徽（图2）。

来看看国立北平大学农学院时期（1928—1937年）的校徽（图3）。国立北平大学，是民国时期南京政府教育部设立的大学组合体，由隶属于一个校名的五个学院构成，分别为：医学院、农学院、工学院、法商学院、女子文理学院。这五个学院也都有风格相近的校徽："北平大学"四个篆字左右上下排列，中间则是表明院别、庄重而方正的"农"或者"医"等字样。

图1 中国农业大　　图2 国立北京农业　　图3 北平大学
学校徽　　　　　专门学校徽章　　　农学院校徽

1933年，北平大学农学院毕业纪念册的封面画有一个当时很流行的"挂式"毕业纪念徽章图案（图4）：倒三角形的篆字"农"被巧妙地镶嵌在徽章正中心。

中国农业大学的另一支源头是华北大学农学院，学院前身是1940年中共中央创办的延安自然科学院生物系。华北大学农学院时期（1948—1949年）的这枚校徽（图5），既有着鲜明的"红色"基因，也传递着"生产、研究、教育"相结合的教育方针。

1949年9月29日，北京大学、清华大学、华北大学三所大学的农学院合并，组建成新中国第一所多科性、综合性的新型农业高等学府，于1950年4月，正式命名为北京农业大学，不同时期也有不同的校徽（图6、图7、图8）。

在1952年的全国高校院系调整中，北京农业大学农业机械系与中央农业部机耕学校、华北农业机械专科学校合并成立北京机械化农业学院。1953年1月，平原农学院部分师生并入北京机械化农业学院。同年7月，更名为北京农业机械化学院（图9）。

1985年10月，北京农业机械化学院改名为北京农业工程大学（图10、图11）。

1995年9月，经国务院批准，北京农业大学与北京农业工程大学合并成立中国农业大学，成为一所规模更大、学科设置更趋综合化的新型农业大学（图12）。

图4　北平大学农学院毕业纪念徽章

图5　华北大学农学院校徽

图6　北京农业大学校徽

图7　北京农业大学校徽

图8　北京农业大学校徽

图9　北京农业机械化学院校徽

图10　北京农业工程大学徽章

图11　北京农业工程大学校徽

图12　中国农业大学校徽

　　这一时期，中国农业大学的校徽却是圆形样子（图13）——外环上下是中英文校名，中间是英文缩写"CAU"和"1905"字样，这个主题很明确的徽章，现在看上去是不是有些简单呢？

　　直到2005年，百年农大才开始使用现在我们常常看到的盾形校徽。2004年9月下旬，学校召开了一个会议，研讨部署百年校庆农大历史、精神、文化等层面相关工作，这次会议的一个重要议题是：部署校风、校训、校歌、校旗、校标、百年校庆标识等征集工作。

　　半年之后，经过广泛征集、认真评选、反复征求多方面意见和公示，学校在2005年4月26日正式公布了新校标图案，这个盾形校徽在当时是以金黄色为主色调。

　　2011年初，学校开始了视觉识别（VI）系统设计。经过半年时间的调研、设计、修改后的方案，通过网络投票、二届五次双代会代表投票、征求离退休教职工代表意见后，最终在"厚土金""丰收金""睿智绿"三个备选方案中确定绿色为学校视觉识别系统基础色，并命名为"生命绿"。

　　2012年初，进入应用推广阶段的学校视觉识别系统中，校徽不仅仅是颜色发生了变化，还对"1905"字样，书本、老校门等图案的细节元素也进行了微调，让新的校徽更简洁大方，主题更突出。

　　仔细看一看，你能找出2005版校徽（图14）和2012年优化版校徽（图15）的区别有哪些吗？

图13　2005年以前的　　图14　2011年以前的　　图15　2012年优化后
　中国农业大学校徽　　　中国农业大学校徽　　　的中国农业大学校徽

（作者：何志勇）

谁在舞台中央？

——名家论坛幕后琐忆

十年青丝变白发，不思量，自难忘。一眨眼，我已经在农大工作十年了。回首过往，名家论坛犹如一道神奇的光，它是中国农大人的集体记忆，也是我绕不开的文化符号，因为它已然成为我个人生命史的一个焦点。

聚光灯下，广博儒雅的文学家、光彩照人的艺术家、严谨进取的科学家、搏击潮头的企业家纷纷走上舞台，他们的名字自带光环，他们的况味人生犹如独好风景，引来无数学子期待的目光。

美国学者保罗·康纳顿说："所有的开头都包含回忆的因素"。回忆常常被压缩成了一张张纸片，借助《名家论坛一览表》可知，自2003年至今，名家论坛已经成功举办217场。由于我在大学学习播音主持专业，有幸作为主持人亲历见证了其中的23场活动。

流光逝去，不惊不扰；时光深处，真情流淌。那些人、那些事、那些时光徐徐而来……

道德年轮：好人文化

1992年，我上小学一年级，每天中午回家吃饭都要看电视剧《年轮》。剧情已经被岁月冲刷的支离破碎，但片尾曲《天上有没有北大荒》却烙印在童年深处。北大荒，也成了我定义知青的关键词。

知青，是作家梁晓声在中国文坛中的标签，他开创了知青文学创作的先河，出版了一系列文学作品，为知青一代树立起一座座精神丰碑。彼时的我诚然不能体会下乡知青的酸甜苦辣，但经过岁月的磨砺，成长的悲欢离合穿肠而过后，感叹戏剧魅力的同时，也更加感谢梁晓声先生种下的善因。

2013年在名家论坛的现场，我亲眼见到梁晓声先生。掐指一算，从闻名到见面跨越了21个年头。为了致敬，我特意录制了他的处女作《美丽姑娘》作为礼物相赠，他双手接过，表示感谢。

当晚，头发花白的梁晓声衣着朴素现身论坛。头戴一顶棒球帽，肩搭一个帆布袋，已逾花甲之年的他依然精神抖擞，侃侃而谈。从立志的误区到文化的忧虑，从激情的岁月到就业的抉择，果然如其带来的演讲题目：感性思维的断想。

遇到发散性思维强的嘉宾，最考验主持人。登台做结语时我才想到一个可以回归的主题，那就是对好人文化的坚守。如此，也便理解了梁晓声笔耕不辍、著作等身的原因，如他所说："我们需要好人文化的存在。不论在任何时代，尤其是在特殊年代，都需要好人多一些。换句话说，好人作为推动社会进步的个体，可以阻止时代向不好的方面倒退。"

2019年，梁晓声凭借长篇小说《人世间》荣获茅盾文学奖，这是梁晓声"好人文化"的又一次呈现。一瞬间，我顿悟了电视剧《年轮》的寓意。那象征着人生轮回的同心环纹，圈圈圆圆守护的是一种道德观：无论社会如何变化，时代怎样变迁，都要努力做一个好人。

追光吧！少年

与表演艺术家濮存昕促膝而谈，是我做梦也不敢想的事，但在名家论坛的舞台上却梦想成真了。虽然过程颇费周折，从炎炎烈日照到瑟瑟秋风起，让我足足盼了半年。不过话说回来，幸亏有这一百多天的时间，让我可以做足准备，从容地面对偶像。

濮存昕在中国农业大学名家论坛上

《我知道光在哪里》是濮存昕的半自传，也是他的演讲题目。这七个字，饶有哲学意味，越咀嚼越好奇，他说的"光"是什么？又在哪里呢？

书的楔子似有明示：

化好妆，扮上相，登台就走进一片光的圈

出了名，成了星，露脸便有了一个光的环

当演员的为此迷，也生惑

却大都乐此不疲地向上爬，往远走……

顶着光环出场的演员，总会名利双收。这"光"固然含有名利之意，但绝不止于此。在2012年10月24日的访谈中，濮存昕给出了答案："光在哪里谁都知道，我们每个人都有眼睛，但是我们经常可能远离光，当我们犯错误的时候，我们会包藏自己，像虫子一样的躲避。道不远人，但我们经常离开道理。要敢于坦荡地剖析自己的错误，把自己修炼的更健康。"如此说，光是道、信仰、价值观，是幸福之源，也是修身之本。

光在哪里呢？塑造的角色就是"光源"。濮存昕说，我塑造了李白，李白也塑造了我。人艺经典大戏《李白》从1991年至今已上演二百余场，像陈年佳酿一样愈久弥香。近三十年来，虽历经五个版本，但濮存昕始终饰演着李白，他朗诵的《将进酒》出神入化，别具一格！早已经将"李白"融入骨血。弘一法师是高僧大德，也是旷世奇才。"去去就来"的生死观、"悲欣交集"的人生观、"爱即慈悲"的慧语禅心，如果不是了悟人生，如何能有如此喻世明言？如果濮存昕不钻研揣摩，如何能够能将角色刻画得入木三分呢？而他就是在塑造角色的过程里不断靠近光芒，汲取滋养，练达自身的。

做人、演戏都是一门修行，坚持、放弃都是一种境界。追光而行，即使出走半生，青春不再，归来仍是少年！

硬汉影帝的坎坷路

2021年2月13日下午2点，著名表演艺术家杨在葆在北京因病去世，享年85岁。而我知晓这个消息已经是一个月后，耳机传来一段旋律，清脆而悠荡，恰切描摹了当时的心境，仿佛是万千生灵在苍穹下沐浴晨雨，灵魂在大地上舒展升华。

说起杨在葆这个名字，90后甚至80后可能一无所知，但在改革开放初期，"杨在葆"这个名字代表的可都是响当当的银幕硬汉。他是那个时代的英雄，是一代人的青春偶像，是今天成龙、史泰龙、施瓦辛格一般的存在。他先后获得百花、金鸡影帝及终身艺术成就奖，是一名德艺双馨的老艺术家。

做客名家论坛时，杨在葆已是78岁高龄。为了能够与这位古稀老人对话，我必须要做足功课。翻看他的过往，他的人生远比电影更加跌宕起伏。荧幕中的硬汉，现实中1岁丧父，36岁入狱，47岁丧妻，61岁儿子确诊尿毒症，近十年的时间里拒绝拍戏。但是在他的身上却看不到磨难后的颓废，他总是笑脸盈盈。

杨在葆在中国农业大学名家论坛上

访谈中，他慷慨朗诵了1979年写下的一首自勉诗：

莫徒有虚名，莫做行云浮萍，已有的只是过去，未获的尚在征程，不可稍停。挣脱世俗的羁绊，鄙视粉饰的花红。浮云易成梦，瓶花瞬凋零。铸心中，前行，前行，无止境。人生路难行，立大志大勇，百折不回，风吹浪打，信步闲庭。

当晚，杨在葆的夫人陈丽明前后照顾、左右相扶，那份跨越了年龄和世俗的爱情历久弥新。那天她也走上舞台，和师生们做了短暂的交流，"有人问我你爱他什么，我说我爱杨在葆一身的毛病和优点，可恶可恨的要死，可爱可怜的要命……这一辈子我干对了一件事，就是嫁给杨在葆，一个真正的一身的缺点和优点的男人"。这是她的择偶标准，也是真爱秘诀。

一周后，我和同事登门拜访。临别前，杨先生还欣然挥毫，将一首《题西林壁》相赠。如今再看这幅墨宝，不禁怅然若失，初见若似恍梦，再会无期。

罗曼·罗兰说："世界上只有一种英雄主义，就是看清世界的真相后，依然热爱生活。"这正是杨在葆的人生写照。

是谁在唱歌?

忐忑，是我主持名家论坛的别样滋味，毕竟来的都是大咖名流，我总有一种完美展现的期许。而当洗脑神曲《忐忑》的演唱者龚琳娜现身时，我反而不忐忑了，周身被一种飞翔般的自由包裹着。

2013年5月8日的曾宪梓报告厅里，龚琳娜现场即兴演唱了作品《忐忑》《自由鸟》《孔雀飞来》《静夜思》《螃蟹歌》《梦想号子》，她唱歌时那份发自内心的快乐极具感染力，点燃了台下1000多名师生的热情，时至今日依然难忘。

记得她说，"我为了追求创新的路，用了十年的时间，我真的成了一只自由鸟，自由是什么? 就是跟喜欢的人做喜欢的事情，而且这件事情可以养活我们"。她全程站立与师生们分享了成为"自由鸟"的艰辛与苦楚，假唱的困惑、淘汰的失落、名利的蛊惑、自卑与自立……她毫无保留地讲述着一路走来的切身感受，也笃行着她的判断:为自己歌唱，自由地歌唱! 最后她还习惯性地睁圆双眼嘱咐:"不管生命怎么样，千万不要丧失热情，只有充满热情，我们的生命才会有意义。"

2021年3月8日，龚琳娜全新专辑《山海神话》全网上线，用10首歌曲描绘出了一个色彩斑斓的神话世界。其中用超高音演绎的《凤凰》令人心驰神往，听啊! 那只自由鸟，已经超脱为一只遗世独立、卓然不群的凤凰。

乘风破浪的哥哥们

长风破浪会有时，直挂云帆济沧海。

人生如海上行舟，遭遇风浪是很自然的，没有风浪，就无法品味人生的乐趣。有梦想、善创新、肯实干，在风浪中前行的企业家们也是名家论坛的常客。

踏浪前行靠的是信心与理念，披荆斩棘靠的是底气与原则，乘风破浪的哥哥们以肺腑之言启迪人生。

2011年10月24日，今麦郎面品有限公司董事长兼总裁范现国分享企业经营的规律，他坚信思路比资源更重要，强调吃亏是福，认为放弃困难就是放弃成功，困难尽头就是成功。

2013年5月17日，82级校友、时任国机集团董事长的任洪斌吐露心声，儿时的梦想是成为平凡的火车司机，而命运的安排使他成为最年轻的"少帅"总裁，他的秘诀是脚踏实地、行稳致远。

2016年10月14日，86级校友、时任中牧实业股份有限公司董事长、党委书记的胡启毅分享了三则人生信条：做自己、用行动改变命运、无用即大用，如此可以创造人生的 N 种可能。

2018年9月25日，正大集团中国农牧食品企业中国区副董事长白善霖强调诚信是社会道德文明的重要抓手，做人做事都要勇于讲真话、做真事。

了不起！逐梦的人生最精彩！

为理想，经风雨，宁受创，任我闯。这是他们共同的命运，也是前辈成功的诀窍。

后浪们！加油哇！

在主持人面前主持

名家论坛的嘉宾中，还有很多知名主持人。给主持人做主持，于我而言，好似"业务"切磋，也有班门弄斧之嫌，自然压力山大；于观众而言，他们带来的不仅有传媒人的业界思考，也有对于整个社会的关切与审视，语言表达能力出众的他们也留下了很多金句。

著名主持人白岩松说，少谈方向，多谈方法。方向是陷阱，方法是认识。有好的方法，就能确定方向，没有方法，就阻碍方向。少谈方向并不是没有方向，方向要切合实际，就像低头走路，一步一个脚印，方法才是到达理想彼岸的支撑。

中央电视台《半边天》主持人、北京爱它动物保护公益基金会基理事长张越说，地球是动物和人类共同的家园，人类一刻都不能离开动物的陪伴。保护动物是在保护人性，只有生命之间和谐共生才能共同发展。

原中央电视台戏曲频道主持人白燕升说，传统和经典是人类智慧和文明的结晶，为民族复兴提供强大的精神资源，为人类开出救治危机的文化良方，而艺术创作永远是个人灵犀的闪现，永远是无法复制的。

原中央电视台《新闻联播》播音员郎永淳说，也许挫败会把我们击落到深深的"马里亚纳海沟"，但阅读提供的强大精神动力可以使我们重新弹回海平面，朝着心中的珠穆朗玛峰迈进。

中央电视台《法治在线》主持人经蓓说，人生就是一场直播，没有机会重新来过，能不能播出精彩的一生，就在于你心中是否有脚本，当下是否在行动。

在这些语言高手中，有一位特殊的嘉宾，她不是主持人，而是播音主持专业的老师，也是我的硕士导师——第十二届全国政协委员、中国传媒大学播音主持艺术学院院长鲁景超。我在毕业后能够再次聆听恩师教诲实属难得。鲁老师说，声音是一个时代最美的象征，而朗读最能体现中华语言文化的意象之美、气韵之美、灵动之美，朗读不仅能增强文化自信和自觉，也可以丰富我们的人生。

虽已过去很久，但这些连珠妙语，仍然回味无穷。

名家论坛后台采访杨振宁

时光流逝指缝间，往事如烟，缭绕心头。

还记得，90岁高龄的杨振宁先生俯首倾听带来的无言一课；还记得，与小伙伴反复排演原外交部部长李肇星的诗歌《给燕子》直至深夜；还记得，战战兢兢的手拈半张报纸与演员李琦配合表演神鞭绝技；还记得，在档案馆里搜寻校友任洪斌的毕业生信息卡作为神秘礼物；还记得，满校园寻找一支口琴只为航天英雄刘旺能在现场吹奏《在水一方》……

一幕幕、一桩桩、一件件常常在脑海闪现，每每回味起来，总会觉得心里甜丝丝、热乎乎！名家论坛有我的真情熔铸，这方舞台有我的青春相赠。

谁在舞台中央？在名家论坛上，固然是这些大咖名流，他们说成长、话感动、观名利、辨是非、论得失、较短长，传递着方圆之间的人生领悟。

　　谁在舞台中央？在人生舞台上，每个人都是主角儿，旁人只是观众。扮好自己的角色，用心做好自己。无所谓掌声是否热烈，没有掌声，也要笑着完成，没人欣赏，也要华丽谢幕。

（作者：于哲）

一束璀璨的光

三月的阳光唤醒大地，弥漫整个校园，穿过嫩芽密布的枝头，照在粉红的海棠花上、雪白的玉兰花上、青翠的草叶上……

三三两两的人儿穿越在姹紫嫣红中间，用镜头记录下学校早春的颜色。

几名同学正在文化艺术馆合影。

"在一所农科大学，我们有这样的艺术馆，真让人骄傲！"

在他们身后的艺术馆中展出的是我校《美术鉴赏与实践》校级核心素质课程汇报展览，近二百件绘画、书法、泥塑、雕刻等艺术作品经过一个学期的打磨、雕琢，最终通过文化艺术馆展现在学校师生面前。

作为学校校园文化建设的重要平台，文化艺术馆为校园增添了一束别样灿烂璀璨的阳光，照耀着农大学子们的心灵。

"金牌福地"华丽转身

农大体育馆曾作为2008奥运会摔跤比赛场馆，在奥运会期间诞生了18块金牌，金牌总数仅次于"鸟巢"和"水立方"。由此，体育馆被誉为"金牌福地"。

奥运会后的场馆利用是历届奥运会东道主的"头疼事"，如何解决好这一"世界难题"成为世界各国关注的焦点。回想当年，我校率先向北京奥组委提出将部分比赛场馆建在大学校园里，其重要理由之一就是可以很好地解决场馆赛后可持续利用问题。这一点，后来被国际奥委会主席罗格赞为"北京奥运会最重要的遗产"。

2008 年北京奥运会摔跤比赛现场

学校经过多次研究，决定将体育馆建设成师生文化体育活动中心，搭建起校园文化建设平台，并很快在奥运场馆中开辟了"馆中馆"——"中国农业大学文化艺术馆"。2009 年 6 月 6 日，金色的牌匾被缓缓揭开，从此，农大校园多了一片可以徜徉艺术的空间。

艺术馆成立的背后，是农大人对"建设世界一流大学"和"培养全方位人才"命题的深刻思考。在建设创新型国家的征程中，大学生创新精神和创新能力的培养备受关注。那么，应该从哪里入手对当代大学生进行熏陶和塑造呢？

校园文化艺术氛围潜移默化的滋润也许就是重要途径之一。

李政道先生说："艺术与科学是一枚硬币的两面"，艺术的熏陶能使思路更开阔，而学术上的造诣又能更好的发现隐藏的艺术美。蔡元培说过，美育既通向人类历史文化的最大纵深，又关联着人类社会的未来。文化艺术馆成为学校对学生进行真、善、美全方面培养，推进全方位育人工作的新尝试。

杨再春为中国农业大学文化艺术馆题字

在文化艺术馆开馆仪式上，书法界、摄影界、新闻界、出版界的众多艺术家、专家、学者亲临现场。文化艺术馆首期展出了著名书法家杨再春先生的书法和摄影作品，吸引了约五千人前来参观，其中除我校广大师生员工，还有一大批杨再春先生的"粉丝"和慕名而来想目睹农大文化艺术馆的游客。有观众留言道："惯正偏锋易出奇，当知奇正总相倚，中锋能立千古字，妙在欲露都归藏""正清和之大道，书诗画之大家"，更有不少对文化艺术馆建设的赞扬："学校艺术馆使我们学生开阔眼界，赏心悦目。"

书影相映 妙趣横生

名家书画展、华赛佳作展、插花艺术展、优秀设计展,职工才艺展、校园摄影展、农大发展剪影、非物质文化遗产展……12年来,文化艺术馆共开展了一百余场不同类型的展览,既有名流大家带来的高雅艺术,也有学校师生积极参与的"民间艺术";既有在职教职工的"精彩工作"和"诗意生活",也有离退休老同志的"桑榆霞光"。来参观文化艺术展的观众,既有学校师生,也有离退休老同志,还有周边社区的"粉丝"们。

经过十余年的建设与运营,中国农业大学文化艺术馆打开了学校师生望见艺术、接触艺术、展示艺术的窗口,这扇窗口鼓励我们始终保持一颗求真、向善、尚美的初心。

在摄影家解海龙那幅著名的"大眼睛"作品面前,观众对摄影有了新的认识:"以前对摄影的定义是记录、是爱好、是性情的陶冶,今天觉得摄影更应该承载社会意义和创作者的责任。"

著名国画家李延声和陶瓷艺术家李梓源在文化艺术馆举行中国画人物写真与刻瓷艺术联展。师生们被一幅幅活灵活现的人物肖像所感染,简洁的线条勾勒和传神文字描述,把科学家、史学家、教育家、文学家、政治家以及艺术大师的风范展现得淋漓尽致,让观众在艺术作品鉴赏中得到人格的提升和道德的升华。

深谷幽兰好似散发阵阵清香,初阳风荷上滚动着点点晓露,蜡梅枝头雌雄二鸟朝晖对望……寥寥数笔下,物自然、墨通透,神韵跃然纸上。作为我国传统写意花鸟最具代表性的画家之一,霍春阳为农大师生带来了一道艺术和心灵的盛宴。

北京市文联党组书记、常务副主席、著名画家朱明德专题展在文化艺术馆开展。大师简朴单纯的手法画出灵动的群鱼,栩栩如生,观众们惊呼:"水墨鱼'游'进了艺术馆。"

非物质文化遗产——"曹氏风筝"也"飞"进了农大校园,"飞"

进文化艺术馆。有着37年风筝制作经验、曹氏风筝传人孔令民现场展示的风筝制作工艺，让同学们叹为观止："原来风筝可以这么美！"

几年来，杨再春、李延声、李梓源、霍春阳、朱明德、陈国祥、洪潮等书画大家，解海龙、刘铁林、高凯翔等摄影名流先后走进文化艺术馆。同时，北京书画艺术院、北京华艺书画促进会、中国新闻摄影学会等艺术组织也多次组织名家名作进馆联展。

名家走进校园的同时，艺术馆也不时展示着农大人自己的"精彩"。老校友、时任水利部部长钮茂生携"百马""百竹""百兔"和百幅满汉书法作品回到母校，以书画展庆祝中国共产党成立90周年、纪念辛亥革命100周年。退休教师应锦凯的插花作品让参观者感叹，"让人感受到了大自然的芬芳""发现生活充满了美好和乐趣"。五一劳动节期间的后勤系统职工才艺展让师生大开眼界，"以前只知道后勤职工们在默默做服务工作，原来他们也有好才艺"。

定期举行的"精彩工作·诗意生活"教职工摄影作品展、"农大四季"校园摄影大赛作品展和女教职工才艺展已经逐渐形成品牌，经常性地邀请有艺术特长的离退休老同志开展文艺交流也成为特色。

党委副书记张东军曾说："我们对外着力于引进和传播大家、名家创作的高品位文化艺术；对内注重贴近师生文化生活，充分展示我校高层次的校园文化。并以此陶冶师生情操，完善健全人格，提升人文品质。"文化艺术馆根植百年农大沃土，在农大精神传统的滋润中，茁壮成长，成为校园文化中的一朵奇葩。

艺术之光 照亮心灵

爱因斯坦曾说："科学技术只能决定是什么，而不能进行价值的判断，这要通过人文科学艺术来做到。"

观看书画展览后，张宇潇同学收获很大，他说："书画艺术不仅能陶冶情操，还能给科学研究带来灵感和启迪，这对我的学习帮助很大。"

"我们学校以农科为主，见到艺术家的机会比较少，今天能够和他们面对面交流，真是很好的机会。"资环学院刘佳同学参观之余，决心在她的大学计划中增添一项内容——练书法，"展览激起了我学书法的兴趣"。

"文化艺术与科学研究息息相通，艺术往往能激发出创新的火花"，农业信息化专业研究生闫志勇说，"看了这些书画作品，能从心底感到一种平静，能从书画中感受到一种波澜不惊的处世态度"。

"之前总认为艺术很高深，离我们的生活很远。逐渐与艺术接触，才发现生活真的很美。""我们的专业是一个交叉学科，希望吸收艺术养分，在专业上更上一层楼。"彭彬彬把全班同学拉到了文化艺术馆，她说："今后会考虑在设计中去掉繁杂，增加创新，让作品变得大气、好看起来。"

文化艺术的浸润，能使心灵的天空阳光明媚，提升学习、生活和工作的美感，增强心灵对外界事物反应的敏感度。让心灵飞翔，思想火花就会四溅，创新思维就会闪现。

时间，像细细的沙子，无论怎样用力，总会从指中流过，在艺术馆之前合影的这几位同学会像之前无数农大人一样走出校园，走上人生的另一个舞台。

未来，他们会记起母校的点点滴滴，也将会忆起文化艺术馆的翰墨书香。

（作者：岳庆宇）

记忆中的农民春晚录播

从 2009 年起，农民春晚在农大体育馆录播，我作为体育馆管理中心的工作人员参与了从选址、筹备到录播全过程，这是体育馆赛后利用中的一件不小的事，是我和其他工作人员有关体育馆的记忆深处的文化撷影。

2008 年北京奥运会与残奥会结束之后，体育馆管理中心正式成立，原为奥运会摔跤馆的体育馆开始承担室内体育与艺术教学和师生健身的任务。由于体育馆条件良好——内场地轻轻按下一个按钮，围绕在赛场四周的 2500 个可隐藏座椅便会收回去，形成一个长 70 米、宽 40 米的内场地，场地中心最高处的屋顶桁架距地 29 米，它是当时北京市最大的室内运动场地。除可作为师生体育锻炼的绝佳场地外，还特别适合举办大型活动，不少大型活动的录制组纷纷来这里考察。

2009 年 12 月，中国农业影视中心（后简称农影中心）录制组闻讯来到体育馆。除了内场地的面积足够大，还有 400 多个玻璃"天窗"。从外部看，体育馆的房顶是高低错落的阶梯形，进入馆内才发现这种屋顶的奥妙：各层落差之间都是可开合的玻璃窗，通过电动控制可以起到作用极佳的自然采光作用，当电动窗帘开启，透进来的自然光足以让装台、彩排等工作在无灯照的情况下进行，仅此一项每天就可以节约数万元的电费。让考察人员眼前一亮的还有体育馆的桁架结构屋顶，每榀钢架高低错落，承重量可以满足大型灯光、舞台布景等吊装需求。而充足的活动用房、赛后物资更让他们如获至宝。

央视首届农民春晚在中国农业大学体育馆录制

　　随后，制片组和导演组所属各路人马接踵而至，对体育馆的空间、结构、设备设施负荷能力等进行详细勘察。2008年12月19日制片组进驻农大体育馆，就这样，由农业部主办，水利部、国家林业局、中国气象局、国务院扶贫办协办的2009年农民春节晚会——《亿万农民的笑声》确定于2009年1月3日在我馆录制演出。

　　农民春晚以"体现三农特色，表达三农感情，宣传三农成就"为核心，突出农业特色，反映我国在农业领域取得的巨大成就。晚会所有节目都有农民参与表演，节目正式录制当晚也特别邀请农民朋友观看演出。

　　学校对协助筹办农民春晚非常重视，对农民春晚的举办予以全力支持和配合。为保证晚会有序、安全、顺利地进行，学校成立了以党委书记和校长任组长的领导小组，为工作提供有力的组织保障和机制保障，为方便工作开展还成立了总体协调组、演出工作组、场馆保障组、保卫工作组、后勤保障组、宣传工作组、观众组织工作组、医疗保障工作组等专项工作组，制定了学校工作方案，通过体育馆管理中心与活动主办方承办方精准对接，协调配合。学校选派有奥运会筹备经验的干部担任晚会专项工作组组长，要求全体工作人员要拿出奥运协作精神，紧密团结合作，不遗余力地配合活动举办。体育馆管理中心全体人员、后勤实体电水气暖保障人员放弃节假日休息，在场地、物资提供、设备设施运行、能源供给等方面为农民春晚提供了有力的运行保障。

　　第一次筹备农民春晚录播时，体育馆管理中心刚刚成立三个月，这无疑是奥运会赛后的首场大考。农民春晚的规模大、演员多，要求高，没有任何大型晚会协办经验的工作人员进入到空前繁忙阶段，一边学、一边做，开启下班"没点儿"模式。大家凭借曾经的奥运赛事组织经验，全体人员周全考虑，精益求精，落实每一个细节：修订场馆租赁协议，安全协议书，消防安全、用电安全、装台施工合同书；制定农民春晚大型活动应急预案；凭借奥运会筹备的宝贵经验，协助主办方安排晚会所需房间物资的使用，确定人员流线；在装台、走台、彩排、正式录制的每个阶段，体育馆提供了场地、电力及照明多项安全保障。

农民春晚录制现场

装台是春晚录播工作中重要的一环，劳动强度大、持续时间长，各项安全要求标准高，为了节省成本，工人入场后要白天晚上连轴转。为配合装台，体育馆工作人员24小时坚守岗位，能进出大型货物的西北卷帘门必须始终处于开启状态，寒冬腊月，北风呼啸，入职才一两个月的场地管理员，有的还不满20岁，裹着军大衣不分昼夜轮流值守。负责场地管理的两个人，一个冷到不能坐下、跺着脚守在物资进出口，协调货物进出，同时看守体育馆的物资防止丢失；一个要瞪大眼睛，穿梭于各个角落，查找舞台搭建中存在安全隐患的蛛丝马迹。整台晚会，从入场装台到最后录播完成撤场，至少需要半个月的时间，由于经常通宵配合工作，熬到最后，工作人员的眼里常常是布满血丝，由于工作结束时间的不确定，负责场地管理的员工为了便于工作，干脆把铺盖搬进了办公室，有时当天的工作结束后再过一两个小时就要开始第二天的工作了。占整个场地的三分之二的春晚舞台，搭建规模大、造型复杂，用电安全、消防安全尤为重要，对于刚成立的体育馆来说，各部门人员配备还没有完全到位，面对如此艰巨的任务，管理人员白天协调完工作，晚上也都变身场地安全管理员，主动加入值夜班的行列。

为确保安全，我们要来舞台搭建方的吊装施工方案，对应每一榀钢架的荷载，查看有没有超载。负责安全保障工作的张老师工作起来一丝不苟，他会把不同型号的灯光设备亲自称重，再根据设备数量计算总重量，确定满足使用规定的吊装方案，双方签字后，才能开始吊装，过程中还要认真监管。有一年春晚，舞美为了舞台效果，悄悄增加了一个吊点用于悬挂一组追光灯，被心细的张老师发现了，这些吊点都位于29米高的钢架上，被复杂的屋顶钢构件遮挡着，如果不是把吊点图印在了心上，很难发现。在协调立即取下未果的情况下，张老师当即拉闸限电，直到制片方领导道歉，工人整改完毕。

农民春晚舞台

　　录播当天，节目精彩纷呈，可大家的心思却全部在录播安全上。每个人的心弦紧绷着，直到舞台完美落幕，屋顶钢架上最后一个吊件安全落地。

　　沸腾的体育馆慢慢安静下来，最后一名观众也离开了。这时已是凌晨，在各个出入口值守的人员锁好门齐聚内场地，没有人喊累，大家开始收拾观众座椅，清理场地，只为第二天早一点开放场地，迎接师生健身。

　　就是这样一个集体，这样一群幕后的参与者，默默奉献，用汗水和微笑诠释着他们理解的奥运精神——我参与，我奉献，我快乐，用责任心像守护家园一样守护着我们的奥运场馆，连续五年为农民春晚录播工作提供场地安全保障。

　　回想点滴，我想学校之所以全力配合，工作人员之所以兢兢业业，除了当时校领导所说，服务三农是我们的应尽职责，还有一个最重要的原因是——这些大型活动，也是我们培养人才的平台。在连续五年农民春晚中，学校艺术中心的同学们作为助演，学校师生代表作为观众全程参与了录播。同学们足不出户，在自己的校园参与大型活动，在其中开眼界、受教育，也做贡献，这也是大学校园要承载的。所有工作人员用奥运精神守护的，也自然包括这个初衷。

这是我记忆深处的文化撷影，相信对很多参与其中的师生来说，也会是多年后的美好回忆吧。

（作者：刘淑梅）

平凡中的伟大

——"三农人物"面对面活动走入中国农业大学

　　2012年，已经年过七旬的小麦育种专家赵瑜回到了阔别已久的母校。50多年前，他离开母校，青春年少，逐梦翱翔，50多年后，他重返校园，鬓现白发，秋果累累。作为"三农人物"代表候选人，他来校参加在中国农业大学举办的"2012年度三农人物推介"首场面对面活动，他把自己最新培育出来的两束小麦标本带到了舞台上，也把农大人情系乡土，忧患苍生的精神追求带到了舞台上。

"三农人物"面对面在中国农业大学举行

当年，年轻的赵瑜高考成绩优秀，他没有填报清华大学、北京大学，而是毫不犹豫地以第一志愿进入北京农业大学学习，师从全国著名小麦育种专家蔡旭院士，因为恩师的一句话，搞育种离不开土地和农民，赵瑜在毕业以后没有选择留校，带着一腔热血来到他在学生时代早已向往的我国农科城——陕西武功（现杨凌），申请到当时的武功农业学校（现杨凌职业技术学院）任职，并且扎根扶风豆村，心无旁骛地生根、发芽、茁壮、守望，最终成长为小麦育种界的参天大树。他的身上，闪耀着服务人民、无私奉献的光辉；凝结着甘于寂寞、执着追求的精神；镌刻着淡泊名利，潜心科研的信念。

"三农人物"就是像赵瑜这样的一群人，他们坚守在悉心耕耘的沃土，用责任与担当、开拓与付出，用精神光芒照亮"三农"，引领"三农"发展走进新时代！作为一档由中央电视台农业节目全力打造的品牌活动，年度"三农人物"评选活动由 CCTV《聚集三农》栏目承办。以"聚焦三农进程，评点新闻人物"为主题，以"责任、良知、创新性、影响力、推动力"为推介标准，是中国电视媒体上唯一一个针对"三农"领域的典型人物进行的大规模宣传、推介活动。从 2006 年的第一场开始，中国农业教育的最高学府就与年度"三农人物"面对面活动结缘，到 2012 年，已经连续第七次走进农大校园，一个个"三农人物"，用"平凡中的伟大"，向我们传递了最朴素的精神和力量、为我们铺陈出了信仰的底色、架构起了"三农"中国的精神高地，也给学校师生一次次震撼心灵的精神洗礼：贵州省黔南布依族苗族自治州三都水族自治县羊福乡羊福民族学校的残疾教师陆永康，凭着坚忍不拔的毅力，克服了常人难以想象的困难，他跪着行走，跪着求学，跪着自修，跪着执教。虽是跪着，他却挺身为山乡孩子撑起一片被知识和理想照亮的朗朗晴空。他跪遍大山深处劝得幼童返校；他清贫辛劳，数十年如一日孤身执教整所小学；他跪教 36 年，硬是让全村乃至邻村的孩子一个个都上了学，脱了盲，为改变家乡贫困落后面貌，育出了一代又一代新人。蒋大春，这位最值得尊敬的乡村医生带着他的破旧的药箱登上了"三农人物"面对面的舞台，作为一名普通的乡村医生，他用38年的时间坚守一方乡村，为无数的村民提供医疗服务，却仅仅是因为小时候侄女因病得不到救治的一次缺憾，在偏远的乡村，用38年时间行走在崎岖山路中只为治病救人的蒋大春收获了村民的尊重。

中国农业大学学生在"三农人物"面对面活动中表演节目

走上这个舞台的，还有其他人物，诸如"杂交水稻之父"袁隆平、"躬身为民谋利益"的浙江省常山县委书记金运成、身残志坚的青海省湟中县汉东乡下麻尔村普通教师马复兴、"80后最美乡村女校长"的李灵、小学文化却坚持创造拿到上海世博会21个机器人订单的"农民发明家"吴玉禄、"草根慈善家"巴雅尔图倾心守护着让他魂牵梦绕的草原……

农大学子从他们的故事中，看到了为精准扶贫、一诺千金的力量，看到了学术报国、种粮报国的力量，看到了坚守信念、守望相助的力量，看到了扎根沃土，推动创新的力量。在一次推介活动现场，一位来自湖南山区的学子激动地说道："我很感动，因为在他们的身上我看到了一个农民企业家的社会责任感，希望这样的活动可以越来越多！"他表示，毕业后也将会在农业领域进行创业，但更重要的是将爱心融入其中，为父老乡亲服务，并梦想有朝一日也可以登上"三农人物"的舞台！资源与环境学院赵员秋同学说："他们把农民的问题挂在心上，坚持为农民做事，这是值得大家学习的。"继续教育学院工商企业管理平向亮同学说："他们坚持以服务三农的理想，立志改变家乡农村贫困落后的面貌，这种精神值得我们学习。""三农人物"的现身说法让广大青年学子相信农村广阔天地可以大施所能、大展才华、大显身手，把情系"三农"、献身"三农"的火种植入到青年学生的思想和灵魂之中，激励他们争做懂农业、爱农村、爱农民的乡村振兴建设者，继续奋斗，勇往直前，"把论文写在祖国大地上"。

"三农人物"面对面活动现场

（作者：岳庆宇）

《中国农大校报》的前世今生

2022年4月，《中国农大校报》出版第500期了。500期，看上去似乎并不太多，但笔墨春秋也跨越了26年，跨越了世纪的门槛。中国人喜欢逢五、逢十的庆典，总会在这些整数里回顾历史，积聚力量、展望未来，农大校报迎来500期，也来回望一下其前世今生吧。

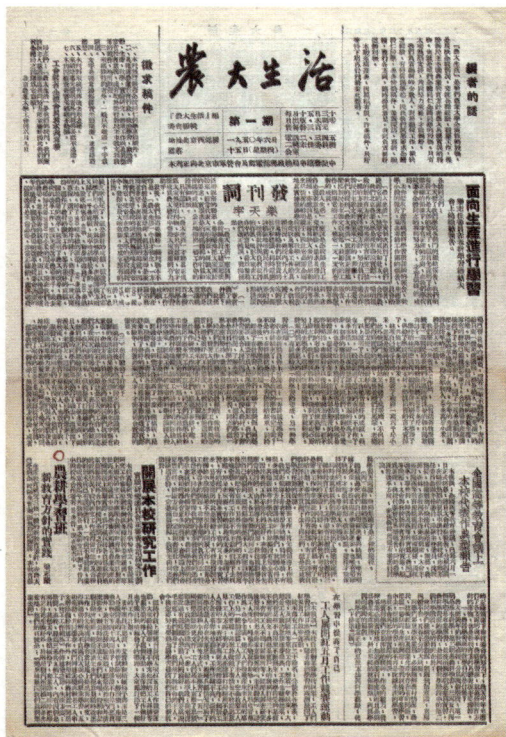

1950年6月15日，《农大生活》创刊号

追根溯源，农大校报远不止500期，这个500期是从1995年成立中国农业大学时创办的《中国农大报》算起的，学校保存最早的校刊其实是1916年国立北京农业专门学校时创办的。

新中国成立后，北京农业大学在1950年6月15日创办了《农大生活》，时任校务委员会主任乐天宇在《发刊词》中写道："'农大生活'，应该是全校师生员工自由发表意见，交流经验，追求真理的园地，亦应该是正确反映大众的思想和生活情况的鲜明的镜子。因此，它必须全面地真实地报道学校行政、教学、研究、生产以及群众工作的具体情况，使校内外人士能及时给予我们以宝贵的批评和建议。"

当期报纸还刊发了《编者的话》，说明办报宗旨："是咱们农业大学全面性的刊物，是反映全校情况，交流各种经验，观摩工作，保证新民主主义农业教育方针在农大具体实现的刊物。"

"只有大家热烈支持，共同努力来搞，才能办好。"《编者的话》诚恳地希望："全体同仁同学，多多供给予稿件，并就采访、写稿、编辑、发行各方面，随时提供意见。共同负责搞好这个刊物。"

从创刊至1950年10月15日，每月16日出刊（假期休刊）的《农大生活》共出版7期。

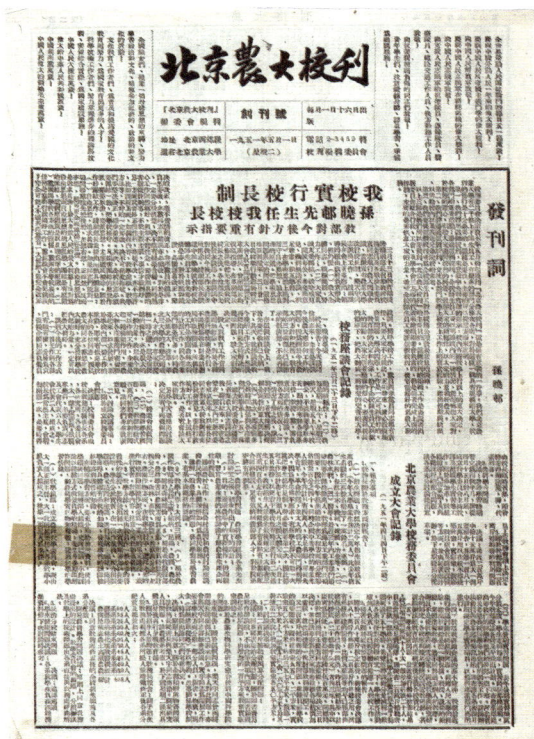

1951年5月1日，《北京农大校刊》创刊号

1951年5月1日，一份新的报纸——《北京农大校刊》创刊了。创刊号的头条新闻是《我校实行校长制 孙晓村先生任我校校长》，偏头条的位置刊发了孙晓村校长撰写的《发刊词》，文中从三个方面阐述了创办校刊的必要性：

第一，我们将用这个校刊，来登载中央教育部的指示，校内有关教学上行政上的重大决定，各部门的重要活动；通过这个校刊，全校师生员工可以明了校内的一切情况，从而唤起大家对于校务的关

233

心，引起大家过问校务的兴趣，发挥大家的积极性，以大家的力量搞好农大。

第二，我们将通过这个校刊，交流各部门教学、研究和工作上的宝贵经验，指出优点与缺点，以供校内以及其他兄弟院校的参考。

第三，我们将使这个校刊成为全校师生员工对于校务公开发表意见的园地。

"能否完成上面的任务，主要的是要依靠大家的力量。"孙晓村希望："全校师生员工爱护这个校刊，使它能好好地为农大服务。"

至1951年12月16日，《北京农大校刊》共出版了16期，这份铅印四开（单版八开）报有5期是四版，另外几期是以"合刊"形式出现，多的六版，少的只有两版。

1953年12月9日，《北京农业大学校刊》呈现在师生们面前，这是一本16开本的油印杂志。至1954年1月29日，《北京农业大学校刊》正式出刊7期，1954年1月6日和8日分别出版了徐季丹教授逝世《增刊》和《普选专刊》。

1954年3月1日，新出版的《北京农业大学校刊》改为铅印四开报，并在《编者的话》中说明此举是"为了加强校刊对学校工作的积极推动作用，更全面地反映学校生活。"

1957年5月18日出版

1982年10月15日，《北京农机学院》建校30周年专刊

234

的第64期《北京农业大学》校刊报头中去掉了"校刊"字样，保留"北京农业大学校刊编辑委员会编"。

从《农大生活》《北京农大校刊》《北京农业大学校刊》到1958年12月11日出版的第144期《北京农业大学》校刊，地址都写着"北京西郊罗道庄"。从1959年1月15日出版的第145期校刊开始，地址变成了"北京西苑马连注"。

至1960年7月2日，北京农大校刊一共正式出版了报刊180期，还不定期出版了增刊和专刊。

而北京农业机械化学院的校刊起始于1950年，是其前身机耕学校创办的《机耕通讯》。北京农业机械化学院成立后，于1954年1月创办院刊《农业机械化》，并于1957年增出《农机快报》，1959年更名为《农机学院》，后又更名为《锻炼》。

1984年2月23日，《北京农业大学》校刊复刊了，学校党委副书记李开鼎在这天出版的"复刊1期"上发表《复刊的话》："十一届六中全会后，校党委就考虑恢复校刊，现在算是实现了。"

此后，校报也在悄悄发生一些变化。1987年7月5日，暑假前的《北京农业大学》校刊报头下还标注着"校刊编辑室"字样。假期后，9月5日，报头下标注文字变成了"校报编辑部"字样。9月20日，《北京农业大学》校报正式变更为《北京农大报》，并标注为"第2期（复刊36期）"。到了1989年9月10日，《北京农大报》报头下增加了"准印号：京890647"字样。

在此期间，北京农业机械化学院在1982年10月15日这天编印了一份《北京农机学院》专刊，《编者的话》写道："为庆祝建校三十周年，校庆筹委会决定出此专刊。……愿我们通过本刊交流思想、交流经验，在党的十二大精神鼓舞下，开创农机学院新局面，为完成党的新时期的总任务而奋发努力！"

1983年5月15日，《北京农机学院》编印第2期，此后每学期出版两三期，并在1984年4月5日出版的第9期开始，在期数前加注"复刊"字样。

1985年11月8日，《北京农机学院》变更为《北京农业工程大学》。1988年9月20日，校报有了"内部书刊号88381"。1991年3月30日，变更为"内部书刊准印证号G03269-10229"。

1993年11月17日，《北京农业工程大学》复刊第100期，开辟了"校报复刊百期专版"。"这期校刊是复刊第100期，从1982年复刊到现在已整整11年了。"《校刊复刊100期告读者》一文说："在这段时间里，校刊从不定期出版到定期出版，由月刊到半月刊，由铅字到胶印，由每期16000字到每期24000字，其发展是显而易见的。"

1995年北京农业大学、北京农业工程大学合并成立中国农业大学，《中国农大报》也应运而生。1995年11月25日出版的《中国农大报》报道了两校合并大会召开的盛况。在这期报纸的四版一隅，刊载了有着发刊词意义的《寄语读者》：

随着中国农业大学的成立，《北京农大报》和《北京农业工程大学》校报已完成历史使命，合并后更名为《中国农大报》。

"两报"自20世纪80年代初复刊以来，得到了上级领导和广大读者的关心、支持与爱护，不论是赞赏还是批评，都是那样的诚挚，那样的令人心动。在此，让我们谨致以由衷的谢忱。

1995年11月25日，《中国农大报》创刊号

多年来，几任编辑集采、编和编务于一身，以宣传党的方针政策和促进学校发展为己任，兢兢业业，孜孜以求，使校报成为广大师生员工生活中不可缺少的一个组成部分，在学校深化改革、教书育人、校园文化建设等方面发挥了积极作用。

今后，我们将一如既往，忠实于校报的办报宗旨，竭诚为广大读者服务。同时也希望广大读者继续给以关心和支持让我们心手相连，共谱《中国农大报》新篇章。

这时的《中国农大报》并没有刊号，严格来讲连"内部资料"也算不上。但翻阅当时的报纸，发现这份"双旬刊"的采编质量却是很高的。

1996年5月10日，《中国农大报》第9期的报头下悄然多了一行字"准印号：京Z0221—950256"——已经成了"有身份"的"内部资料"。按照"连续性内部资料的《准印证》有效期为1年，期满须重新核发"的规定，1997年3月10日出版的《中国农大报》标注的准印号变更为："京Z0221—960358"；1998年1月10日，又变更为："京Z0221—980219"。

1998年3月18日，国家新闻出版署下发《关于设立高校校报类报纸刊号系列的通知》（新出报〔1998〕324号），从此高校校报从名称、形式、内容到出版管理等方面，都有了统一规定，逐渐被纳入国家新闻报纸发展的总体轨道中。

1999年9月10日出版的《中国农大报》第71期报头多了一行醒目的字："国内统一刊号：CN11-0183/（G）"，农大校报从此成为正式出版物。此后，校报的主管单位从中国农业大学党委宣传部变更为教育部，主办单位则从中国农业大学校报编辑部变更为中国农业大学，明确了出版单位为校报编辑部。

《中国农大报》成为正式出版物不久，迎来了第100期。2001年4月10日出版的这期校报，正逢申奥成功后第一个北京"义务植树日"，在"建绿色北京，办绿色奥运，树绿色农大"的口号下，别出心裁套绿出版。在《校报是你我共同的事业——中国农大报百期致辞读者》一文中写道：

今天的校报套上了绿色，因为本期时值"植树日"，绿化已成为人们心目中的一件大事，绿色已成为人们的最爱，这是生命的颜色，是大自然的主调。农大报百期本该套红，但我们依然套绿，是因为我们农大报愿与盎然的绿色，与大自然和谐相处，共生共存。

此后，校报刊号和报名又有一次变更。2004年3月30日出版的《中国农大报》国内统一刊号变更为：CN11-0813/（G）；这年9月10日出版的校报报名变更为《中国农大校报》，多了一个"校"字，报名中"中国农大"采用江泽民同志为学校题写的校名字体，"校报"两字用隶书印刷字体。

农大校报一直是黑白或套色印刷。2001年4月30日，《中国农大报》第一次出版了彩色报纸，这是一期招生专刊。2008年5月10日开始，《中国农大报》开始出版全彩报纸。而在4月29日，《中国农大报》多媒体报系统正式启用。

2012年，在学校党委的指导下，学校党委宣传部以"校报深、电视精、网络快"的校园新闻传播理念，于2012年3月推出了《中国农大校报·新视线》专刊；2016年又在校园媒体融合发展的新媒体语境下推出"CAU新视线"微信公众号。2021年10月25日，"CAU新视线"更名认证为"中国农大校报"。2022年2月，《中国农大校报史略》由金城出版社出版发行。

2021年1月5日，《中国农大校报》新春专刊

新媒体的迅猛发展，冲击和重构了传统的高校校园传播格局，传统意义上居于"主流"地位的校报如何因应新形势，不断在坚守中创新发展，成为每一位校报人必须面对的命题。

《中国农大校报》仍然在路上……

（作者：何志勇）

喜看稻菽千重浪　稼穑躬耕赤子心
——记复排《稼穑之歌》

　　2019年2月，我接到通知到学校开会议事。原来是在庆祝新中国成立70周年活动中，中宣部将农大师生46年扎根河北曲周、服务乡村振兴的事迹作为重大典型，学校决定复排舞台剧《稼穑之歌》，并把这项任务交给了我。接到任务后，本身就痴迷于话剧创作的我满怀热情，下决心要打造一部高质量、高水准，思想性和艺术性兼具、充满农大特色的代表剧目。

稼穑之歌演出剧照

　　原版《稼穑之歌》是在100周年校庆时，由资环学院集体创作的话剧。后来，它又经过两次改版复排。由于2019年是新中国成立70周年，学校希望能够充分展现师生"把论文写在祖国的大地上"的知识分子形象，彰显"责任、奉献、科学、为民"的"曲周精神"，呈现新时代大学生致敬祖国的人文情怀和使命担当。

　　写好剧本自然是第一要务。学校非常重视剧本改编，请媒体传播系主任安文军副教授组队形成初稿，又组建了剧本审核小组，数易其稿才最终确定下来。

　　剧本有了，我开始全身心投入排练组织中。可没想到，当我把排演《稼穑之歌》的消息向艺术团宣布后，却在爱团爱剧的同学们心里掀起了不小的波澜。团长王路及刘亦恒等几名骨干专门来诉说了他们的担忧：虽然非常希望排演《稼穑之歌》，但鉴于大家都不是专业演员，各自又都有非常重的学习任务，而时间又这么短，实在不可能实现一部好剧的排演。对于孩子们的顾虑，我非常理解，并且耐心引导，为大家讲解舞台剧排演背景和意义，鼓励大家克服困难，并从中学有所获。我带大家重温毛泽东的《七律·长征》，以毛主席藐视困难、始终保持革命乐观主义精神激励同学们。这些同学们是一群有胸怀、有情怀的青年，他们听后纷纷表示要尽全力把《稼穑之歌》排好。

　　《稼穑之歌》的主题是反映中国农业大学师生在党的号召下，扎根大地、讴歌信仰、彰显理想，深入河北曲周改土治碱，扶贫攻坚的故事。自20世纪70年代起，师生与曲周人民一道，战天斗地，使曲周的28万亩盐碱地变成了河渠纵横、路田成方的米粮仓。我深知"人包戏，戏包人"的重要，所以慎重选择舞台剧的演员。团长王路是"柱子"的不二人选，"徐若水"由二年级特长生陈硕恒演，但是男一号"夏守耕"一开始没有找到合适的人选。在艺术团之外，我想到了合唱团团长王舒扬，无论从形象、气质，到技术基础，都非常适合。最初，他对加入剧组演出有些为难：从小带他的外公病危住院，每周末他要回天津陪伴老人。可是，当他了解到这个角色的重要性后，还是决定克服困难，尽量兼顾两边，让我非常感动。

人物选定了，戏还不能开排。以艺术团孩子们现实的年龄、经历和表演基础，演70年代的农村戏，其中的难度可想而知。可以说，他们对于那个年代的农村环境全然不知，自然也就没有演出的状态。为了让大家尽快入戏，我邀请辛德惠院士的学生、曲周实验站原站长——郝晋珉教授为大家讲当时的背景和辛德惠院士的故事，大家纷纷被辛院士的精神品质深深触动，许多同学流下了眼泪。此外，我还挑选了《焦裕禄》《孔繁森》等系列同题材电影作品，让大家集中观看，引导大家在生活中的一言一行都要找角色，跟戏跟人物挂钩。

正式进入排练后，更多困难又不断涌现。

剧本的问题再次困扰住了我们。前期已经通过的剧本，在排演过程中，却觉得情节和力量有所欠缺。同时，对于非专业的同学们来说，不论是台词还是表演，每一个环节的训练都十分艰难。首先是台词，台词是话剧的基本功。有位大家曾说："话剧的台词要听得见，听得清，听得明白，好听。"可毫无基础的剧团同学们，整个剧中的每一句话，每一个字，每一个气口都需要从基本功开始练起，再到人物、情感……其中的工作量不言而喻。表演亦然，对于专业演员来说完全不须练习的一个手势，一个步子，同学们都需要苦练百遍千遍。很多时候，大家刚有点感觉，却转瞬即忘。其艰其难，可想而知。然而，大家没有放松对自己的要求，整部剧从始至终的每分每秒，都致力于精益求精，做到最好。"细节决定成败"，哪怕是最小的细节，如台词的速度、节奏、语气、虚实、重音，我们都练习和调整了百遍千遍。有的时候，花费数小时排出的成果，却要全部推翻重来。而对此，同学们从未抱怨过。时间一分一秒过去，排练场上的点点滴滴，都镌刻了大家对于《稼穑之歌》的满腔热爱。

稼穑之歌演出剧照

　　有一段时间，高强度的训练让大家进入了疲惫期。为了调动大家的热情，我再次以毛泽东诗词激励大家。没想到，大家突然来了灵感——用毛泽东诗词贯穿夏守耕和徐若水之间的交流。这样一来，整个剧有了诗情，知识分子的情怀、曲周精神的意义也更加凸显出来。一个个灵感的碰撞与叠加，一次次艰辛的修改与打磨，剧本、音乐、演技都日渐精进与成熟。曙光仿佛就在跟前。

　　这时，我们更注重对于剧中人物的透彻理解。在排演过程中，我一次次跟孩子们一起对人物内在人性魅力的挖掘和处理，让剧情变得更加合理，演员演起来顺理成章，观众也易于理解。更重要的是，我坚信，对人物的深入理解和诠释，定能使剧中人物的光辉品质深深扎根在演员们心里，而这必会为他们今后的人生道路提供如明灯般的指引和启迪。

　　《稼穑之歌》于5月20日在学校首演，现场获得领导及观众的一致好评。2019年8月2日至3日，我们又从来自全国21个省、市、自治区及特别行政区的55所院校的79个报名剧目中脱颖而出，参加了

"金刺猬"大学生戏剧节展演并获得最高奖项"金刺猬奖"。新华社、中新社、人民日报等数十家媒体以及戏剧公众平台先后报道，引起了很好的反响。

回顾排练的这三个月，日夜奋战，大家没有停排过一天。有时候我晚上有课，9点多下课后就直接去排练厅。有时候同学们晚上有课，我们就从10点开始排练，通常要排练到凌晨4点。如今回想，那是一段充满艰辛泪水但却又是一段光辉灿烂的峥嵘岁月！

这其中最让我感动的，是参与演出的同学们，他们没有不计较我对台词，表演，乃至一切细节的认真、较真。他们为《稼穑之歌》牺牲了自己的时间，在排练厅里千万遍打磨，不仅实现了自己的艺术理想，也真真正正为这出校史剧做出了贡献，更懂得了身为农大人，"解民生之多艰"，将论文写在祖国大地上的奉献、使命与担当。

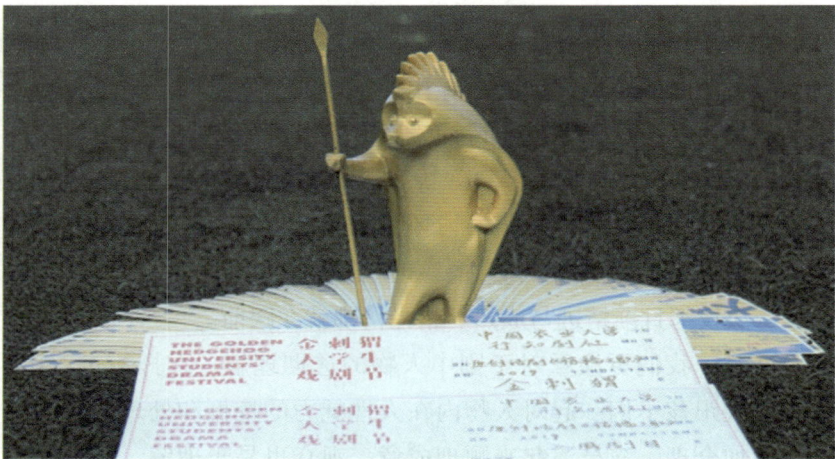

稼穑之歌获"金刺猬"奖

还有汪子筠及所有道具组、监督组的同学们，默默无闻成就了《稼穑之歌》的成功，团长王路、舒扬，刘柳导演，丁帅编剧，为这部剧尽自己最大的努力。我更记得，有时候排练结束时已至凌晨，同学们不放心我独自回家，常常陪伴我走到家属区……写到这里，我的眼眶再一次忍不住湿润了。感谢你们，无论你们走到哪里，我心里会永远记得那些日子，那条路。

　　艺无止境，希望未来我们仍然有机会继续探索，再次以无比澎湃的激情继续精雕，让《稼穑之歌》成为中国农业大学的一个品牌，让它承载着记录、传承、宣传的使命，传播到全国各地，传播到每一个人心中。

（作者：王怡）

青春与祖国共奋进　做最幸福的农大人

在新中国成长的历史洪流中，中国农大始终是浪花中最绚烂的一朵。古朴而现代的校园，凝结了一位位学者将论文书写在祖国大地的汗水与智慧，汇聚了一代代农大人弦歌不辍、接续奋斗的使命与担当，更记录了一批批青年用稼穑情融入中国梦的理想与希望，它承载着农大人共同的记忆，伴随着中国农业蓬勃的发展，更见证着伟大祖国复兴的脚步。

2005年，迎着百年校庆的喜悦，我考入农大，成了一名"新农人"。当时东校区尚未修建完成的土操场、古老的大礼堂、准备动工的奥运场馆、西校区主楼后伫立的老校门、欣欣向荣的试验田、一切的一切仿佛历历在目。16年后的今天，当我再次让思绪穿过时光的隧道追溯校园记忆，最让我难忘的，就是在这座校园，我成了新中国成立60周年和70周年大庆的见证者、参与者、亲历者，成了最幸福的农大人。

2009，国庆盛典，幸而相遇

2009年10月1日上午，一个踏着整齐步伐、挥舞着金黄麦穗花的队伍昂首阔步，通过天安门，向世界展示了新中国60年农业发展成就，伴随着《在希望的田野上》歌声，游行群众身着蓝黄色相间的粗布服装，围绕着装饰有硕大的金黄稻穗的彩车，呼喊着"农业兴旺，富足安康！"此刻的中国农业大学1049名游行队员，正满怀深情，为祖国母亲六十华诞献上最珍贵的礼物，而我，就在方阵的23排，55号，那一幕，永生难忘。

那一年，我22岁。那年7月，我本科毕业留校成了一名"2+2"辅导员。接到的第一个任务就是开展国庆游行训练。那一年，首都北京举行隆重的庆祝大典，而农大作为群众游行第十六大队"农业发展"方阵的主责单位开展游行的组织训练。刚刚留校的我还未褪去学生时代的稚嫩，就成了游行方阵理科实验班中队的中队长。

那一年，入职的新奇与训练的辛苦交织，刚刚成为教师的责任感、荣誉感与即将走上天安门广场为祖国母亲庆生的憧憬感、期待感交融，那个夏天也因此变得与众不同。那个暑假队员们都没有回家，我带领理科试验班中队的26名同学参加了60余天如火如荼的训练，大家先是每5个人一排走，再到每10个人、20个人一排走，光走路就练了很多天。由于保密等原因，训练时大家手持的是替代道具"金色拉花"，在东西区操场上，同学们跟着教练的口号，一排排整齐行进。大家按照动作要求，跟着歌曲《在希望的田野上》歌词节点而变化着动作，单双列交错上下托举道具，方阵形成滚滚麦浪。我记得我们常常往返于东西校区，定期和北林以及平谷、怀柔的队员们合练，每一次训练心中都怀着一份憧憬，也想象着自己走上天安门广场时的心情。那一年，我经历了很多人生中的第一次，第一次参与国家级的庆典，第一次连夜通宵合练，第一次体会几千人一起走在机场的跑道上，第一次在凌晨的长安街马路边睡觉，第一次以教师身份带着学生在操场跑圈，如果用一个词形容那年的记忆，那就是"激动"，仿佛身体里有使不完的力气。我已经不记得训练时的辛苦，只记得出发前兴奋地一夜未眠。

10月1日凌晨，在长安街南侧的一个胡同里，大家相互簇拥从黑夜等到天亮，丝毫不敢放松等待着集结出发的口令。我还记得"集合"一声令下，我拿着道具跟随着队伍飞快穿越过坦克队伍后方，迅速整队，刚刚找到位点音乐就响了，来不及紧张就开始行进。当我们踏上长安街，那种油然而生的仪式感让我紧张的差点忘记了动作，而当我听到"我们的家乡在希望的田野上"的时候，我抑制不住眼中激动的泪水朝着天安门方向凝望，那一刻，"爱国"不再是一个词语，更像是一个烙印，让人永生铭记。

回家以后，我激动地向家人指着电视回放方阵中自己的位置，虽然看不清自己在哪，但心情无比骄傲。只是当时还有一个小遗憾，由于我的点位正好在彩车的左侧，挡住了望向天安门的视线，当时的我只能和周围观礼的群众互动，心想，如果还有机会，我一定要再到长安街看一看国庆当天的天安门！

没有想到，十年后，这个愿望，实现了。

2019，国之大典，精彩有我

2019年10月1日的上午，一个由3000名农村致富带头人、农民群众、农大师生组成的"乡村振兴"方阵，走过长安街。游行群众手持"五彩绸扇"道具，身着绿粉白三色服装，伴随《美丽乡村》音乐，围绕着表现新时代美丽乡村的彩车，舞动绸扇，并齐呼口号"祖国，我爱你"。向世界展现着中国农业的辉煌发展成就，中国农民的美好梦想正在变成现实。这一次，我是方阵的1排2号。

这一年，我32岁。接到游行任务是2019年4月，当时我刚刚到学校团委工作不久。按照上级要求，农大作为群众游行第21号"乡村振兴"方阵的主责单位，与来自平谷、怀柔、密云、延庆四个区县的农民代表组成一个3000人的方阵，组织开展游行工作，团委要承担整个方阵的组织训练相关工作。时隔十年，接到消息的我依然按捺不住内心的兴奋，脑海中憧憬着再次走上长安街向着天安门挥手的盛景，期待着那一天快点到来。我毫不犹豫主动请缨负责方阵训练工作，同时按照学校安排担任了21方阵的"1-2"：行进指挥长。

作为方阵中的教师，我既是组织者，又是亲历者，我同时还是方阵的组织训练组组长。7月，我们迎来了和农民朋友们的第一次合练。我记得有一次，在当我拿着手麦喊着口号，举着扇子对老乡们进行动作讲授的时候，有一位农民大哥从队伍中站了出来，对我说："老师！我们听不懂什么叫8拍，我们都是在地里干活儿的农民，从来没有做过这么复杂的动作，实在是学不会呀！"于是，一切训练都回到了原点。为了让老乡听得懂学得会还编成了口诀，手把手地一遍遍教授，就这样，老乡们渐渐掌握了要领，我们和老乡们的距离也越来越近。

当训练工作如火如荼开展的时候，7月的一次总指挥部对所有行进指挥长培训，让我猛然地意识到，我，是一个合格的"1-2"么？"你清楚3000人的方阵所有的行进细节么？你知道怎样处理行进中的突发事件么？你明白行进过程中的1秒意味着什么吗？"我突然明白，只要队伍一动，任何一个细节，都和行进指挥长有关！一旦有半点闪失，都有可能造成3000人行进困难，甚至会有生命危险！行进指挥长，意味着精准，安全！意味着方阵把速度交给了你，把安全交给了你，把信任交给了你！

回校后，一遍一遍测算行进的位置，精确到每一个动作，每一秒，每一米，每一步！我知道，重达47吨彩车距离我的学生只有4米，如果方阵每个人慢了一步，彩车就有可能追上前面的学生造成危险！我知道，我们在天安门广场整个表演音乐只有1分32秒，如果方阵每个人的步幅哪怕只是多10厘米，整个方阵就会拉长7米，就有可能被后面的方阵追尾！我知道，同学和老乡们都在以我为标兵，如果我所在的位置行进不稳，队伍就没法按时准点在走到天安门城楼下时，正好喊出"祖国，我爱你！"

为了把最美的表现献给祖国，每一次行进，对讲机、秒表、米尺都成了我必不可少的随身用品，每次训练前，都会提前到场、反复踏勘。渐渐的，方阵行进步入正轨，动作也日趋熟练。而我，也在渐渐学会，做一个更好的"1-2"。

然而，就在验收前三天，导演组决定改动作。我的心里十分焦急：我们，能完成任务吗？这时，那个曾经举手向我提问的老乡从队伍里跑了出来说："马老师，不行，咱还接着训！"，一个学生说："对，老师，我们愿意加训！"听到他们的话，我的内心无比感动。几近36度的高温，师生从未有过一句怨言，动作如此复杂，师生都在加班加点训练，学校训练场地有限，往返校外训练场路上就需要3个小时，师生总是能按时集结！这就是对祖国最深情的告白！我为我能成为这个方阵的"1-2"感到自豪！

在群众游行的36个方阵中，21方阵在是人数最多，长度最长的大方阵，是初期动作最为复杂的方阵，是极少数行进音乐没有歌词提示的方阵。在跨越72天的训练中，我们的动作变了4次，音乐变了3次，口号变了2次，走过5个训练场，经历过2次复训，6次合练彩排，累积训练时长912小时。师生齐心协力，圆满通过一次又一次验收，我们越走越自信！

10月1日上午11点45分，我们的队伍踏上出发线。我手持对讲，对方阵下达了最后一次指令"21方阵，包夹彩车，开始定位"，我们望向天安门，高呼着"祖国，我爱你！"表达着最热烈的爱，最炙热的情！看到习近平总书记向我们挥手，方阵无比沸腾！这一次，我感觉自己的心脏在和祖国共同跳动。

师生参加庆祝新中国成立70周年群众游行后在天安门广场留影

走过疏散区经过新华门，阳光下"为人民服务"的几个大字熠熠生辉，我的眼睛湿润了。那时的我知道，"1-2"的使命已经完成。三个月的训练，每一天我都在期待这一刻，每一天都在用最饱满的精神状态和我的学生一同走过，每一天都享受着我们共同去做一件最伟大的事情的快乐，每一天都在激励着对方，也在被对方被感动着。

回到学校，我查看了计时的秒表，2分43秒13！我激动得说不出话来，要知道，我们的标准用时应该是2分44秒，我们几乎做到了0误差！当我把这个消息发给所有中队长后，全体队员再次沸腾了。方阵行进分秒不差，我们用实际行动，向祖国和人民交上了一份满意答卷，我们用最美的青春献给祖国，向世界宣告，奋进伟大新时代，强国一代有我在！

在这一刻，我终于理解了"1-2"含义，那就是，责任、奉献、担当。那就是你们的青春不必有我，但我的故事一定有你。那就是祖国的记忆不必有我，但我永远深爱着我的祖国。

这十年，祖国发生了日新月异的变化，中国农业农村现代的征程正加速航行，民族复兴的伟业阔步前行。十年，是一个国家辉煌交响的序曲；十年，是一所学校奋进征程的华章；十年，更是一名青年砥砺成长的印记。

我骄傲，祖国的辉煌成就有我见证；我自豪，学校的发展变迁有我见证。更让我感到幸福的是，我的青春，有你们见证。

（作者：马紫威）

灯光明了

2020年10月16日是学校115周年校庆。由于新冠肺炎疫情的阴霾未过，不能像往年一样举办大规模的庆祝活动，但是学校还是在符合疫情防控常态化的要求下，尽可能以"线上＋线下"的方式，让校友们在这一天能与母校同庆。在众多活动中，校庆"灯光秀"吸引了最多的关注。

由于多种原因，我很遗憾地错过了据说非常震撼的校庆"灯光秀"。第二天打开微信，发现朋友圈已经被刷屏，那些惊叹和赞赏的言语，配上现场视频，证明了"非常震撼"所言非虚。

这一年，西校区第一次上演了"灯光秀"，并且首次采用激光投射方式，让西校区主楼前的灯光惊艳出场。这次"灯光秀"分"开篇、稼穑兴农、同心战'疫'、时代魂、终章"五个部分，显然是经过了精心设计，除了现场师生，"灯光秀"以"云直播"的方式，让海内外的校友们都能一睹为快。

看了朋友圈，我都忍不住惊叹"灯光秀"的效果，并且立刻想起了12年前的那场奥运"灯光秀"。那次"灯光秀"被有些媒体称为"2008年最震撼的校园灯光"。

2008年，第29届奥运会在北京举办。由于奥运会摔跤馆、残奥会坐式排球馆就在东区校园内，2007年又在体育馆举办了世界青年摔跤锦标赛，作为奥运会的"测试赛"，农大学生们很早就树立了"奥运意识"。除了千余名学生作为赛会志愿者直接为奥运会服务，全校两万学生都在想：我能为奥运做些什么。

我幸运地成为摔跤比赛的一名志愿者，任务是和小伙伴们一起负责场馆内外关于奥运的新闻报道。由于任务在身，我第一时间关注到了学校要举办"灯光秀"的消息，并且做好了报道准备。

4月30日是奥运会倒计时100天，"灯光秀"定在4月29日作为庆祝活动。当天，我们早早在操场上等候。与此同时，学校记者团和各学院通讯社的学生记者们，早已占据了有利地形，除了操场这个"主阵地"，他们还埋伏在四周各个角落，并架起了"长枪短炮"，比如男生楼对面的"公主楼"，操场两侧的体育馆看台以及研究生楼。等候过程中，很多人都在聊天，大家对这次亮灯活动并没有什么概念，只听说是因为男生楼（三号学生公寓）南侧墙面较大，所以利用这一面宿舍灯的开关来拼成图案。

奥运亮灯活动

——"会有什么图案？"

——"一定有奥运标志和五环吧……可能还有福娃。"

——"这方方正正的宿舍，拼出来能像吗？"

由于奥运会的很多项目都在紧锣密鼓地筹备，农大校园里和周边还是一片灯火，宛若白昼。这时，隐隐听见了灯光控制的指挥声，男生楼南侧的所有宿舍灯光全部熄灭，和周围亮堂堂的环境形成强烈对比。

　　随后，在一片欢呼声中，一些灯光又陆续点亮，远远望去逐渐在墙面上拼成了一个红色的"京"字。看到"京"字图案时，我们的心情非常激动——对于农大这所"奥运之校"来讲，同学们对奥运这一标志再熟悉不过了！在"京"字的右侧，灯光陆续拼成一朵黄色的祥云！图案非常清晰，从图形到颜色，都尽量接近奥运元素本来面目。

　　几分钟后，"京"字不变，黄色的祥云变成了蓝色，认真一看，原来是繁体的"龙"字。现场立即沸腾起来。图案让人联想到，我们早已把"东亚病夫"的帽子甩进了太平洋，并且举办了奥运会，继而自豪感油然而生。

　　几分钟后，左侧又出现了红色的心形图案，右侧是两个大字——"中国"！这是对农大学子中国心、爱国情的表达，立志要为祖国祝福、为祖国献歌、为祖国奋斗。这组图案赢得了当晚最热烈的欢呼声。彼时，楼里的灯光亮着，手机的灯光闪着，校园内外，灯火通明，像是一幅辉煌的画卷。正像郭沫若写道："远远的街灯明了，好像闪着无数的明星。天上的明星现了，好像点着无数的街灯。我想那缥缈的空中，定然有美丽的街市……"

　　当天展现出来的图案一共有21种，除以上所述，还有奥运五环、摔跤图、和平鸽、中国地图等，活动持续了半个小时。我们写了一篇报道，后来还在《科技日报》上发表了。

　　激动人心的时刻过后，我们了解到了这次亮灯活动背后的故事。"农大亮灯迎奥运，彰显理性爱国情"主题奥运倒计百天亮灯活动是一个大一班级的主题团日活动，共协调和组织280个宿舍参与，组织过程的艰辛可以想见。大一的小伙伴们认真准备了两个月，不同颜色的图案用不同颜色的彩纸包裹灯管，构思和设计出图案并让280个宿舍都来配合。班长于希波后来回忆："当时我在楼里，一手拿着对讲机与楼内沟通，一手拿着手机与楼下交流，当图案亮起，手机那边传来了无数的尖叫声，呐喊声，欢呼声和哨声，我内心真的有无法说出的那种激动。"

艰辛地付出换来了可喜的成果。此后，每逢农大学生接待来访的同学和家人，都会介绍这个活动，农大亮灯形成了一个品牌。男生楼这面向阳的墙面，被赋予了另一个使命，显得更与众不同了。此后，亮灯活动每年上演，每逢大事、要事、喜事，都有亮灯的影子。

工作多年后，回看2008年奥运亮灯，我才逐渐明白，它承载的不仅仅是一个延续了多年甚至以后会更久的品牌活动，更重要的是农大学子表现出来的以国为家、爱国为国的情怀，以及敢想、肯干的劲头。

2021年新年，习近平总书记号召我们发扬为民服务孺子牛、创新发展拓荒牛、艰苦奋斗老黄牛的精神。关于拓荒牛，总书记曾在深圳特区40周年强调特区精神时做过更多阐释，"敢闯敢试、敢为人先、埋头苦干"。其实，亮灯活动中青年学子展现出来的劲头，就是这样一种精神的雏形。

而农大校园，正是培育这些精神的地方，是这些明星闪耀着的美丽的街市，"街市上陈列的一些物品，定然是世上没有的珍奇"……

（作者：闻静超）

《同一首歌》一年两次进农大

可能不会有第二所大学，能让央视强档节目《同一首歌》在一年内两次走进校园，除了中国农大。

2007年，是农大师生课余文化生活的高光时期。就是在这一年，当时红得发紫的央视最强档、也是观众最喜爱的《同一首歌》栏目先后两次走进农大，一次为欢送2007届毕业生，一次为迎接2008北京奥运会。

2007年6月，央视同一首歌在中国农业大学唱响

在当年，《同一首歌》红遍大江南北。有学生在BBS上发帖，希

望学校能把《同一首歌》请到学校来。然后这个帖子瞬间就被同学们顶到十大热帖的第一位，有点像今天的微博热搜榜，只是当年还没有微博，只有最流行的 BBS 论坛。在论坛讨论区，大家不遗余力地"灌水灌水"，终于把水"灌"到了校长的办公室里，引起了时任校长陈章良的注意。不曾想，他大手一挥扔下承诺：要在毕业生离校前请来《同一首歌》！

《同一首歌》要来了！同学们沸腾了！消息迅速传遍了校园的每一个角落。于是，大家就开始等，开始盼，掰着指头数日子。然而，就在快要到原定日子的时候，突然出了点意外。由于奥运场馆工期的原因，原定6月25日举办《同一首歌》的计划要延期了。

同一首歌现场

大家的心情瞬间跌到了冰点，尤其是毕业生同学，这一延期，怕是永远赶不上档期了。有人开始抱怨奥运场馆的施工方，有人扬言等不到《同一首歌》就不离校，还有人要去施工工地抗议示威，大家对《同一首歌》的期盼是多么的热切啊！

又过了两天，同学们又突然得到通知，说《同一首歌》确定在6月27日来了！霎时间，同学们又兴奋了起来，BBS上欢呼声一片又一片。但还是有相当多的人仍心悬一线：就延了两天，能行吗？

2007年6月26日，一辆又一辆的大卡车开进校园，卸下了一箱又一箱的钢管、灯具。紧接着，一个大型舞台在大操场上搭建了起来。这下大家心里踏实了。纷纷给家人、给朋友打电话、发短信，炫耀这一喜讯，引来了兄弟高校的眼馋和羡慕。

可惜，天公不作美。27日午后，突然狂风大作，乌云压顶。不一会儿，大雨就疾驰而下，彩排也被迫中断。这雨时大时小，一直持续到下午6点多，使人烦躁不安。好在7点左右，雨终于停了。

晚上7点30分，华灯初上，荧光棒亮起。随着当红主持人梁永斌、柯蓝闪亮登场，"同一首歌"在农大响起。音乐的美感使整个晚会现场激动而振奋、熟悉而震撼，无数支荧光棒双手激情地挥舞着，在中国农业大学2008北京奥运会摔跤场馆前，在宏伟壮丽的五环会徽下，在激情与梦想的舞台上，农大沸腾了！

韩国歌手刘承俊来了，港台艺人张信哲、潘安邦、萧亚轩、陈晓东、阿杜来了，大陆歌手陈红、王蓉、老狼、周迅、袁泉、臧天朔、张靓颖、韦唯来了，老一辈校园民谣歌唱家谢丽斯、王洁实也来了，超豪华演出舞台、超强明星阵容，与万余名农大学子畅想奥运激情，共庆2008北京奥运会首个新建奥运场馆落成。

这台晚会由中国农业大学的学子们参与策划，是由梁永斌、柯蓝以及农大的两位学生和老师共同主持的视听盛宴！虽然开场时分还下着雨，舞台很滑，但是花儿乐队的《加油歌》、萧亚轩的《爱的主打歌》、刘承俊的《热情》、王蓉的《我不是黄蓉》的劲歌劲舞，激情四溢，在雨中引爆了现场学子的热情，让演唱会迅速达到高潮；《校园的早晨》《睡在我上铺的兄弟》《乡间小路》；王洁实、谢丽斯、老狼、潘安邦等明星用他们风格各异的校园歌曲，唤起每个人心中的校园感觉。张信哲、张靓颖、周迅、陈晓东、阿杜、袁泉、臧天朔等明星的依次出场，不断带给现场观众意外的惊喜，将晚会一次次带入高潮，特别是张信哲走下舞台，走入现场观众当中时，全场观众同唱《过火》，绚丽的舞台灯光与全场观众手中的荧光棒交相辉映，照亮了农大的夜空，场面沸腾之极。

这是一个历史性的时刻！一个激动人心的时刻！我校登山队在现场雷鸣般的掌声中登台了，我校登山队有好几名队员入选了2007奥运火炬珠峰测试运动队队员，我校也成为参与奥运会火炬珠峰传递的唯一一所大学。2008年5月8日，我校水院在读学生黄春贵成功登顶珠峰，成为2008年北京奥运会火炬珠峰展示第4棒的队员。我校橄榄球队出场了，作为国内第一个组建橄榄球队的高校，我校队员就是国家橄榄球队的班底成员，他们曾代表国家队在多哈亚运会上获得铜牌。我校艺术团的同学也出场了，他们和歌手陈红一起演绎了《感恩的心》。陈章良校长更是登台和同学们合唱一曲《朋友》，使全场师生达到疯狂，博得了雷鸣掌声。主持人梁永斌说："我们的舞台从未如此颤动过！"

尤其值得一提的是，当柯蓝在舞台上采访一位农大学子的时候，现场突然失控，舞台外侧欢声雷动，原来是舞台一侧的学生公寓突然用灯光组成了"京2008 CAU"的"奥运之光"，现场观众惊艳于这个学生们自发的创意，全体欢声雷动。这是一次学生自发的行为，事前没有和节目组有过任何沟通和演练，以至于惹得柯蓝当时非常生气。不过，当她得知原委后，还是夸赞了同学们的创意表现出农大师生的赤子之心与奥运情怀。

时隔半年，《同一首歌》再次来到我校，在我校"吹响"奥运集结号！

12月31日晚，《同一首歌》新年特辑"你好2008"CCTV奥运频道启动仪式大型晚会在我校体育馆举行，并现场直播。

走过2007，迎来举国期盼的2008奥运年。为了和全国的电视观众一起迎接2008年的到来，庆祝中央电视台奥运频道正式启动，《同一首歌》栏目于2007年12月31日22:00至2008年1月1日0:00，在中国农业大学体育馆(奥运摔跤馆)制作了《同一首歌》新年特辑"你

2007 年 12 月 31 日，同一首歌再次走进中国农业大学。
零点时，央视奥运频道正式启用

好 2008" CCTV 奥运频道启动仪式大型晚会。晚会同时在 CCTV-5
频道，也就是中央电视台奥运频道现场直播。奥运冠军、体育明星、
演艺嘉宾、奥运建设者、志愿者、大学生和各行各业代表同聚一堂，
与全国的电视观众同贺同享，为奥运喝彩、为新年祝福，为奥运频
道祝福，也给所有的歌迷、球迷送上了一份新年大礼。

晚会由孟欣总导演，《同一首歌》当家主持人梁永斌、中央电视
台著名主持人刘建宏、运动员代表冠军杨扬共同主持。晚会的明星
阵容强大，演出气氛惊爆，以奥运为核心精心设计的各个环节高潮
迭起、看点纷呈。花儿乐队、BOBO 组合、田震、韦唯、毛宁、古
巨基、杨坤、陈红、郭峰、臧天朔、齐秦、文章、汪正正、梁咏琪、
韩国的南贤俊、美国的蓝库乐队等中外巨星、新老歌手激情放歌，
影视明星黄晓明、电影《集结号》主演邓超、张涵予都有精彩表演。
《光荣》《胜利》《等待那一天》等一首首激励人心的歌曲，引发了全
场的共鸣。

　　晚会还请来了自从1984年洛杉矶奥运会以来，中国参加过的六届奥运会中的奥运冠军代表孙雯、许海峰、杨凌、王丽萍、娄云、桑雪、孟关良、王军霞、高敏、杨阳、李小双等，他们的真情采访和与演艺明星的精彩互动掀起了晚会的一个又一个高潮。如女足队长孙雯和田震合唱了《铿锵玫瑰》，射击冠军杨凌和毛宁合唱了《红旗飘飘》，竞走冠军王丽萍和齐秦合唱了《月亮代表我的心》，跳水冠军桑雪和文章合唱了《三百六十五里路》，桑兰和古巨基合唱了《好想好想》，残疾人运动员李端和汪正正合唱了《超越梦想》，他们的精彩表演，展现了运动员的风采，传播了奥运精神，用他们的歌声为运动员加油、鼓劲，为奥运梦许下美好的祝福，也表达了运动员为2008备战的决心和勇气。

　　多次参与奥运会电视报道的孙正平、韩乔生、宁辛等体育报道员、奥运解说员也来到现场，伴随着感人的节目短片和精彩的采访，让观众共同感受到了中国体育和中国电视奥运之路的振兴和发展。

　　激动的观众摇动着红旗，红色波浪的此起彼伏，把晚会推向了

2007 年 12 月 31 日，同一首歌现场

最高潮。随着刘翔、郭晶晶两位重量级体育巨星的出现，晚会到了最重要的环节。刘翔、郭晶晶、孙正平、韩乔生、宁辛五人共同按下了 CCTV 奥运频道启动的按钮，奥运频道的标志从天而降，以这一特别的仪式，敲响了新年的钟声，迎来了2008，迎来了 CCTV 奥运频道开播的历史时刻。

《同一首歌》用这台特别节目迎来了该栏目八周年在央视的首次直播，《同一首歌》和全国观众一起跨进了奥运，跨进了2008年。从为北京申奥加油的"新北京 新奥运"到助威中国足球的"同圆足球梦"，从欢送中国奥运健儿远征悉尼到喜迎雅典运动员凯旋，《同一首歌》八年来凝聚了多少体育健儿和演艺嘉宾的欢笑，凝聚了多少中华民族奥运梦、强国梦的心声，谱写了一曲曲弘扬奥运精神，运动员顽强、奉献精神，为中国加油，为中国喝彩的经典乐章。"你好2008"是一句问候，是一个邀请，也是一个祝福。《同一首歌》在2008年推出这个新主题，制作系列节目，与全国电视观众共同体验2008年的精彩。

正如媒体评论，中国农业大学是百年名校，《同一首歌》是央视的知名娱乐栏目，当百年名校遭遇娱乐先锋，当经典遭遇激情，二者的火花在这一夜盎然迸发。此时的晚会不仅仅是一场晚会，更是一场盛宴。而此次歌会中更是紧贴奥运主题，把"三农"思想与农大的校风有机的结合，更是成为此次演唱会的最大亮点。

在这里，我们感受到了奥运的中国，感受的了中国的奥运。动感的舞步、绚烂的舞台、年轻的声音、当这些与青春的力量一起迸发的时候，这一切的一切都将唱出奥运之彩、奥运之情。

同一首歌，载着青春与理想，充满激情与梦想，节奏或强劲或舒缓，生命的动感，使人向往，使人融入其中，使每一个人成为生命的主体，让晚会高贵而平凡。经典的旋律与金色的记忆，《同一首歌》与农大共同度过了这个不眠之夜。

（作者：欧阳永志）

烂漫年华里的红色理想

——烙印在心底的红色"1+1"科技行动

　　大学的生活总是五彩斑斓，赤橙黄绿青蓝紫，每一抹色彩都记录了一段激动人心的青春故事，勾勒出一幅绚烂多姿的青春画卷，年轻的农大学子就在那画卷里奔跑、歌唱，跑向无限广阔的田野，在金色的土地上播种理想收获希望。若要问我们最喜欢哪个颜色，我想一定是鲜亮的红色。

"红色1+1"事迹报告会

　　红色是农大学子的本色和底色。一百多年前的中华大地满目疮痍山河破碎，无数仁人志士在救国救亡的道路上奔走呐喊、漫漫求索。众多前辈在时代的大潮中觉醒，他们积极参加五四运动，并投身马克思列宁主义在北京农村的传播，北京第一个农村党支部就是在农大党组织的帮助下，在京西大瓦窑村建立的，从此北京农村的革命运动掀开新的篇章。百余年来，农大师生始终与国家和民族的命运紧密相连，始终与中国共产党同心同向同行。

红色代表着热烈，代表着赤诚，代表着农大学子对乡土乡亲的一份责任和一腔热忱，因此，当我们的师兄师姐走向京郊农村为父老乡亲开展科技服务的时候，他们毫不犹豫地将这个光荣的行动以"红色"命名。

2002年的秋天，我从渤海之滨走进了农大校园。当时，我不曾想到，一个洋溢着青春烂漫的红色理想就在前方等待着我，并将深深影响我、我的同学以及后来的农大学子们。作为改革开放后出生的新一代农大学子，我们青春逢盛世、奋斗正当时。走进学校的第一天，在辅导员老师的带领下，我们开始学习学校源远流长的革命校史，感悟"解民生之多艰，育天下之英才"的大学精神，传承浸润在师生血脉里的红色基因。

入学两年后，记得是2004年的一个冬日，我从学校新闻网上看到这样一条信息，"中国农业大学发起'红色1+1科技行动'，10个博士研究生党支部、100名博士研究生党员深入北京市密云县（现密云区）农村，与10个村党支部共建，1个博士研究生党支部带动1个村庄，1名博士研究生党员帮扶1个农户，深入开展'协作共建、决策咨询、结对帮扶、外力引进'四种形式的共建活动……"。作为农业大学的学生，深入农村开展社会实践本来不算新鲜，但是以党支部共建的方式开展内容如此丰富的服务活动，这在农大，甚至在北京高校来说，都是第一次。从那时起，网上有关红色"1+1"的新闻报道渐渐多了起来。

刚刚升入大二的我，对师兄师姐们发起的红色"1+1"活动充满了好奇。在新华社记者的一篇报道里，我终于得知，他们一般每周要去村里一两天，因为路途较远往返不便，有时天晚了干脆就住在农户家里。每到这个时候，总有不少农民过来串门，聊天，请教问题。初时，久在象牙塔里做学问的师兄师姐们并不知道该怎么与陌生的村民交流，双方不免有些"放不开"。打过几次交道后，村民们发现这些"小专家"没有一点儿架子，是真诚来为他们服务的，农民的质朴善良也让师兄师姐们感到十分亲切，双方的距离越来越近。

从2004年10月到2006年6月，短短两年间，师兄师姐们开展"红色1+1"科技行动系列活动90余项（次），出动860人次，服务范围扩大到9个镇的34个村，并辐射到周边100多个村；服务内容包括种植、养殖、农产品加工、环境整治、生产管理、民俗旅游等多个领域；开展大规模的党建和文化活动16次；引进针对地方发展特点的技术10项；共建支部套里村党支部获得"北京市先进基层党组织"光荣称号，密云县（现密云区）获得国家或北京市科技立项4项，直接研究和技术推广经费达270万元，促进了农村经济社会进一步发展。同时，共建双方的党支部建设得到加强，党员综合素质得以提高，基层党建工作得以创新。

"红色1+1"科技行动将博士生的科研任务与村民的农业生产有效结合，课题从生产实际来、研究服务生产实际、成果又直接指导生产，真正实现了"把论文写在大地上"，实现了农业科技与农民"面对面"，打造了高校人才培养和服务社会的新模式。许多博士生在第一线的工作中锻炼了能力，还在具体实践中发掘课题并进行研究。因此，博士生积极性都很高，不少老师也支持并参与活动。有位博士生马上要出国做课题了，但出发前几天，还一直待在帮扶村里帮助村民解决玉米汁加工关键技术，并就其中的疑难问题向导师进行咨询和请教，等到回国后的第一件事情就是带着外国专家到村里调研和指导。

随着"红色1+1"科技行动的成功开展，荣誉和成就纷至沓来。校园网上不时就会报道："红色1+1"科技行动荣获2004—2005年北京高等学校党的建设和思想政治工作优秀成果二等奖和创新成果奖；

参加"红色1+1"科技行动的农学博士生党支部获得2005年首都大学生社会实践优秀团队奖；多名教授在指导研究生参加科技行动的过程中，结合地方产业发展的需求，完成了生物质能源技术、小型板栗加工设备、鸡蛋腌制设备、特用玉米繁育等科研项目，同时也引领和带动了共建基地农村经济的发展。中央电视台、人民日报等各大媒体也对"红色1+1"科技行动进行了深入的报道，受到社会各界的密切关注和广泛认可。

2006年7月，我结束了本科学习，毕业留校成了一名学生辅导员。就在那一年，北京市委组织部、教育工委、农村工委联合开展北京高校红色"1+1"共建活动，首都高校1000个学生党支部（党小组）的学生党员奔赴京郊的广大农村，以同农村基层党组织结对共建的方式，对农村进行科技支持、文化普及、卫生服务、文艺演出等对口支援活动。作为中国农大探索高校基层党建和人才培养的典型经验和成功模式，红色"1+1"走出了农大校门，成为首都高校创新基层党组织建设的重要举措，这个消息让我们兴奋不已。

从那时起，我和我的同事们——一群年轻的辅导员，带领着一大批热心"三农"事业的学生党员，在红色"1+1"的舞台上大显身手。我们一起研究帮扶项目、寻找指导教师、整合各种资源，千方百计服务乡亲，我们的足迹印在了京郊农村的阡陌小径上。在共建的过程中，我们真切地了解了国情、民情、农情，并由此走上了各自精彩却殊途同归的青春奋进之路，这样一段宝贵的经历成为我们终生难忘的记忆。

寒来暑往，一晃十几年过去了。当年的莘莘学子已经在各行各业崭露头角，不论他们是否还在从事与"三农"相关的事业，红色"1+1"的经历让他们从不了解农村、不理解农民的青涩学子不断成长为懂农业、爱农村、爱农民的时代新人，村民的认可和信任成为他们收获的最璀璨的青春奖章，他们找到了青春方向和人生目标。

今天，红色"1+1"已经成为烙印在全体农大师生心底的最美"记忆"，这份"记忆"并没有成为过往。"担起天下饱暖和安康"不仅是校歌中的咏唱，更承载着全体师生矢志不渝的家国情怀和赤子之心。知农爱农为农大学子插上青春逐梦的翅膀，强农兴农为有志青年加持青春搏击的力量，新时代的农大青年正在续写着新的传奇，为实现乡村振兴、为实现中华民族伟大复兴的中国梦谱写着最美的青春华章。

（作者：李洪栋）

让青春之花在老区绽放

——感悟"百名博士老区行"

　　五千年的中华文明传递给我们的是顽强拼搏、手胼足胝的奋斗精神，百年历史的中国农大赋予我们的是"担起天下保暖与安康"的济世情怀，承载现代农业高等教育起源的校园给予我们"把论文写在祖国大地上"的家国责任。人生有梦，山乡有路，在农大，有这样一批博士，他们有着天地一样宽阔的胸襟与抱负，每年夏天不畏酷热，踊跃参与"百名博士老区行"科技服务活动，他们的足迹遍布重庆、广西、内蒙古、云南、甘肃等省的92个区（县）。他们用脚步丈量农大学子初心，用行动践行服务"三农"使命，在祖国大地上激荡青春，不负韶华。

不忘初心　以梦为马

　　全面实施乡村振兴是我国现代化建设进程中的重大历史任务，高等农林院校的研究生教育在乡村振兴中肩负着重要的使命。自2005年启动至今，"百名博士老区行"已逾15个年头。我有幸加入其中，与其相伴，感受它独特的魅力，伴随它的步伐，感受祖国翻天覆地的变化。回忆起参与过程中的点点滴滴，都已成为我生命旅程中最难忘的时光。

百名博士老区行启动仪式

"百名博士老区行"科技服务活动的15年中，全国共有19所多农林院校2000多名博士研究生参与其中，共撰写各类调研报告2000余篇，举办各类科技讲座和指导活动1200余场，服务指导的各级干部、农技人员和普通群众达到50000余人。参与活动的师生深入基层，了解农民，服务农村。最基层的农村的艰苦环境和最朴实的农民的殷切期盼让我们感觉到了肩上"解民生之多艰"的重任。我们在科学研究、技术创新、成果转化、人才培养、社会管理等方面，进行优势互补、全面融合，开创互利共赢、携手发展的校地企合作新局面。

习近平总书记曾在讲话中提到，"耳闻之不如目见之，目见之不如足践之"。当我们一次次踏上老区，通过亲身的体悟，获取了其中的真谛。在实施乡村振兴战略的进程中，青年力量不可或缺。2019年我们与许多博士一起编写了《农村，我们来了》一书，还记得时任中国农业大学党委副书记宁秋娅给我们写下的鼓励的话语，"读千卷书，志解三农惑；行万里路，情结老区缘"。是的，我校众多博士生在"百名博士老区行"科技服务活动中受锻炼、长才干、做贡献，这不仅是"解民生之多艰"的具体体现，更是广大学子继承和弘扬中国农业高等教育百年精神，锐意进取，积极奉献，服务社会，报效祖国的实际行动，推进了研究生教育与新农村建设实践相结合，形成了研究生教育服务新农村建设的新模式，建立了研究生培养创新的新机制。

勇担责任　不负信任

老区在哪里？对于今天的很多年轻人来说，这个概念并不清楚，提及老区，涌现的往往是影视作品中的画面，或是为中国革命的发展提供支撑，或是狭窄的道路、破旧的住房、幽暗的灯光，将其与贫困落后联系在一起。但对这些概念大多是知其然不知其所以然。老区在中国革命的发展中具有极其重要的作用，老区是中国革命的摇篮，是中国革命的象征，老区人民用他们的善良和朴实，为新中国做出了巨大的贡献和牺牲。然而很多革命老区因为交通不便、基础薄弱、产业单一等因素的制约，经济发展严重滞后。

博士是什么？自古而来，他们就是博学多闻，通达古今，知识渊博之人，博士一词最早见于两千多年前的战国时期。1978年，我国开始招收博士研究生，这一制度遂成为推动国家科技体制发展的重要力量，至今已有近100万人被授予博士学位。作为象牙塔中最尖端的人，博士是拥有最丰富的知识、最聪敏的智慧、最权威的能力的人，是推动国家未来发展的最重要的储备力量。同时，接受过多年教育的博士群体，也具有强烈的爱国爱民的炙热情怀，他们愿意在新中国的土地上挥洒热血，激荡青春。

为老区的发展贡献自己的力量！"百名博士老区行"就这样成

行了。每年暑期，不同高校的百余名充满着热情的青年，远赴革命的摇篮，感受红色文化，传承红色基因，服务老区经济，改善老区民生。

还记得，当我们第一次踏上老区这片热土时，淳朴的老乡用最真挚的感情表达着内心的渴望，他们渴望着这一群群来自天南海北的天之骄子能帮助他们摆脱靠天吃饭的千百年困境；他们相信，这群年轻人会帮助他们脱贫致富，会改变他们背靠黄土脸朝天的艰难行迹。老乡是坚韧的，他们身上体现了中国老百姓最吃苦耐劳的性格，他们在艰苦的土地上播种着希望，依然无怨无悔。

还记得，当我们的博士在田间地头开展科技知识的传授时，老乡们热切的求知的双眼，迸发的是对知识的渴求，对美好生活的向往。博士生们对此感怀满满，恨不得将自己所知所想倾囊相告，有的博士生感叹："书到用时方恨少，事非经过不知难。"回学校后一定要好好学习，多看文献，多做实验，下次再来要把更多的知识教授给这里的乡亲。

还记得，当被委以教书育人职责，给老区的中小学同学授课时，面对一双双求知若渴的眼神，博士们快速完成了从学生到教师的角色转变，并在最短时间将自己的知识与中小学课本融会贯通，将自己的所学所想传授给老区的同学。这一刻，他们忘记了他们也是一名学生。正如有的同学所言，他们在那一刻就是一名园丁，就是一名要为祖国未来培养人才的教书人。他们的记忆，穿回了自己的中学，穿回了自己的小学，他们已化身为那个曾经给自己传授知识的老师。当最后一堂课的下课铃声响起，要与同学们告别时，面对孩子们依依不舍的话语，面对孩子们激动而泣的感情，每一个人都深受感染，深深动容，更理解了我们承担的职责。回去后，好好学习，我们下次再来，再在课堂相聚。

博士生在田间实践

　　"下次再来！"这是很多博士生的真实感悟和真情实感，激荡的青春在老区找到了未来。是啊，面对这么多可敬的乡亲，我们体会到了责任；面对这么多可爱的学生，我们体会到了使命。有的同学参加完"百博行"后，学习比以往更刻苦了，更有责任感了，人生有了更清晰的理想与目标；有的同学接连参加了两三年的活动，与当地乡亲建立了深厚的感情；有的同学甚至毕业后去曾经调研过的地方做了一名选调生，或者从事支教活动，将自己的人生与老区的发展紧密地结合在了一起。"百名博士老区行"成了青年淬炼成长的试验场，磨砺青春的大舞台。我想，这就是开展这一活动的初衷吧！于我而言，我也更加认识到了自己身上所担负的立德树人职责之重。

　　"百名博士老区行"在于发挥不同学校、不同学科的博士生们的力量，为推动老区面貌的改善而尽微薄之力。老区的变化是显而易见的。特别是在党的十八大之后，随着全面脱贫攻坚战略的实施，各种扶持政策、惠民政策精准推行，老区人民的生活发生了翻天覆地的变化。一年年赴老区调研，我亲眼看见了这种变化。原来的低矮房便成为明亮的平房，小作坊变成了现代化的工厂，卖不出去的农产品有了自己的品牌，走不出大山的山货也伴随着交通的改善，电商的出现而一时热销。走在路上的乡亲，脸上洋溢出发自肺腑的喜悦。熟悉的乡亲见到我们时，会亲切地拉着我们去他们的新居坐坐，品尝他们刚摘下来的水果，诉说他们获得的政策红利，粮食丰收了，吃饱不愁了，机械化开始作业了，土地开始流转了，自己有工作了，看病可以报销了，孩子上了好大学了……言语中对我们的党和国家充满了感激，也对我们所做工作表达了感谢，他们甚至还记得曾经给他们传授农业知识、曾经给他们的孩子讲授过课业的研究生们的名字，询问他们的现状，欢迎我们经常回来看看。

寻得所爱 之守望

是的，我们要经常去看看。老区的变化有目共睹，这些变化是中国所有地区变化的缩影，只有接触到了这些，我们的教书育人工作才能更接地气，才能培养出更多将论文写在祖国大地上的人才，让青春之花绽放在祖国最需要的地方。"人民对美好生活的向往，就是我们的奋斗目标。"如今，全面脱贫攻坚已经获得胜利，现行标准下9899万农村贫困人口全部脱贫，832个贫困县全部摘帽，128000个贫困村全部出列，解决了区域性整体贫困，消除了绝对贫困，我们党和政府领导全国人民用一往无前的磅礴力量创造了足以彪炳史册的人间奇迹。老区正在以日新月异的变化书写着新中国的传奇。

一个历史使命业已完成，新的历史使命即将来到。我有幸参与"百名博士老区行"，目睹了老区的变迁，目睹了学生们的变化。如今，依然会想起，我们曾一次次为老区艰难的生存环境而潸然泪下，我们曾一次次为老乡们质朴的感谢语言而手足无措，五千年的华夏大地，就是有这样一批不畏牺牲、敢于拼搏、勤劳善良、吃苦耐劳的人民默默地推动了我们这个民族的前行。我们也曾为亲眼看见了老区的变迁而彻夜难眠，激动不已，也许这其中，有我们曾经做出的微薄贡献，但我们更深知，这是党和国家政策的精准有效，这是全国人民同舟共济，这是老区人民齐心拼搏的结果。奋斗成就伟业，牺牲竞写风流。所有这些才是推动我们中华民族"敢叫日月换新天"的根源所在。与祖国共成长，中华民族伟大复兴的中国梦终将在我们的接力奋斗中变为现实。

（作者：史博）

后　记

人说时光如白驹过隙，确是毫不夸张。七年前的一个冬日下午，我与同事好友温茶叙事，由此产生了编写一本校园文化随笔集的念头。次年金秋送爽时，《校园记忆》（第一季）得以付梓，这是编写团队奋战十余月，经历无数次打磨修改呈现出的结晶，是我们对于农大文化、农大精神的真诚致敬。

正如我在书中所写，这本书"就像开在校园中的一束小花，静静地点缀着农大文化的博大和深邃"。图书出版六年来，一个念头始终在我的心中停留：书中展现的内容只是农大文化的沧海一粟，我们有责任把更多、更有价值的文化内涵源源不断地挖掘、展示出来，让农大文化真正起到浸润心灵、涵养情怀、塑造灵魂的作用。

2020年，我转任校务委员会副主任，相较此前六年在学校领导班子任上的繁忙，有了较多的时间和精力，心中的这个念头也就愈加强烈。在一次汇报工作时，我向姜沛民书记述说了这个念头，没想到姜书记对此非常肯定，并表示一定大力支持，这给了我更多的信心和底气。于是，又在一个冬日温暖的午后，我邀上三五好友相聚人发学院民主楼叙叙心中所想，学院林涵书记还为我们准备了温热的咖啡。一如七年前的情景，大家再次一致认为：这件事应该做，《校园记忆》应该有续集。

心动，就要行动。以原书写作班底为基础，《校园记忆》（第二季）的编写核心团队立刻组建起来，全书构思、写作框架在大家集思广益下也迅速有了雏形。在《校园记忆》（第二季）中，吸取前一本图书的经验教训，着重在以下两处做了完善：一是，吸纳更多师生作为文章作者，让"有故事的人讲故事"，力求展现真实的、鲜活的、生动的记忆。二是，除了讲述建筑文化的故事和内涵，学生社团文化、校园文化活动作为重要的文化载体也在书中得以体现，并且作为了重中之重。

基于此，图书编写任务涉及面更广、参与人更多、任务也更重了。大家都付出了更多的努力。文中社团文化的文章全部出自我们的同学们，他们的笔下流淌着真挚的情感，而组织同学们写作的是时任校团委副书记马紫威，哪怕在成书过程中，她从团委调任党政办公室，也从未推脱这项工作。2021年上半年是文章成稿的关键期，学校各项工作十分繁忙，很多作者（其中不少是学院、部门主要负责人）在繁重的工作任务之余，欣然应允承担写作任务并认真打磨稿件，我认为这是大家的情怀使然。在文章把关的环节，徐晓村老师虽然退休多年，但仍然提笔逐字逐句为大家修改稿件。在成书过程中，安文军、闻静超、欧阳永志三位老师统筹、协调、统稿，也做了大量工作。

在此，一并感谢对本书的编写和出版提供大力支持和鼎力相助的领导、老师及同学们！

由于自身才学、水平有限，书中难免有不足和遗憾，敬请读者批评指正。虽然如此，但我们尽自己所想、所能，为读者呈现这样一本可能不完美的集子，是源于这样的信念：

时光易逝，记忆永存。我们致力于开出《校园记忆》系列图书这样一束束"小花"，迎接中国农大校园文化万紫千红的春天。

最后，还要特别感谢原北京农业机械化学院80级校友的倾情资助。

宁秋娅

2021年11月